操偶讀心術

Methods of Persuasion
How to Use Psychology to Influence Human Behavior

就靠這招說服你

Nick Kolenda
尼克‧寇連達 著

許絜嵐————————譯

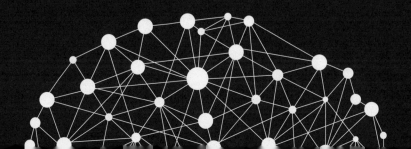

目錄

感謝的人

　　研究學者通常都蠻不幸的，許多人為了擴展我們對人類行為的知識而付出所有心血，卻都因為隱藏幕後而不為人知。

　　這些學術研究者通常都面臨著「要不就出版要不就出局」的困境而承受極大壓力，他們努力讓自己的研究能在高質感的學術期刊上曝光（但一般民眾根本不會去讀那些期刊）。可是學者如果將自己的研究出書賣給廣大民眾，又會被同業譏為「投靠商業」，因此大多數學者似乎注定默默無聞。

　　正因如此，我希望在此感謝所有對擴展人類行為知識而有所貢獻的研究學者，特別是某些因為他們的研究而引發我在這個領域興趣的研究家：Robert Cialdini，值得獲得更高的認可與讚賞。

前言

　　讓我猜猜看，你們應該略過了前面的感謝，直接跳到前言，對嗎？大部分人都會這麼做，如果你是的話，請先閱讀之前的感謝再回到這裡。

　　你回來了嗎？非常好，我的名字是尼克·寇連達，我是一個有 10 年經驗的專業讀心師。我有沒有超能力？並沒有，我只是個擅於看透別人並影響其想法的傢伙罷了。

　　身為一位讀心師，我所有的表現都建立在基本的心理學概念，過去 10 年來，我發展出一套獨特的方法可以無意識地引導別人的想法。那麼「讀心」又是從何而來？因為這些人感覺不出我慢慢在改變他們的想法，我可以透露刻意要植入他們腦中的想法，並且「讀他們的心」。我一直隱藏著這些讀心法，但本書即將要揭曉我使用的方法（以及背後的心理學原理）。

　　然而本書不僅是教會你讀心這麼簡單，《**操偶讀心術─就靠這招說服你**》不只告訴你如何影響對方想法，也讓你學會如何以心理學控制對方行為。我除了有讀心術這項技能外，在說服術這方面也擁有行銷及心理學的教育背景，在學

校的時候，我就非常著迷於發掘心理學的原理去指引人類行為。大多數人甚至無法讀完一篇期刊文章，但我可以一口氣閱讀上百份，甚至是上千份這樣的文章，就只是為了要找出那些可以支配我們行為的理論。

我一路走來發現有許多心理上的因素對我們的行為影響至深，這些心理原則極為普遍並且已在我們心中根深蒂固，甚至在日常生活中不知不覺地影響我們，更重要的是如果你知道如何利用這些原則，便可以利用它們來引導人們的行為。

此書將會介紹你那些心理原則理論以及更多資訊。

祝一切安好

Nick Kolenda
October 2013
尼克·寇連達
2013 年 10 月

本書介紹

　　人是牽線木偶，連結在每個人身上的是一組木偶線，當被拉扯到特定方向時，行為便不自覺地被左右，知道如何控制這些扯線，便知道如何控制人的行為。本書將告訴你如何控制這些扯線；**並教會你如何成功地（且有道德地）在這充滿人類木偶的世界中成為一位操偶人。**

　　由於我會讀心術，同時也是心理學家，這樣特殊的背景讓你手上這本書已變得非常獨特，但還有一個特點可與其他說服相關的書籍作區別。大部分說服術的書會提供你一堆如何說服他人的方法讓你隨意使用，但這本書有組織性且依照先後順序列出了七個說服別人的方法。如果想要說服別人為你完成某項事情，可以照著書中的步驟來達到你的目標，也可以選擇其中一個方法來執行，無論如何，這些階段性的指示都能帶領你至正確的方向。

　　為了方便好記，這些逐步的說服過程可縮寫為 METHODS（察覺書名的雙關語嗎？），並可分為以下幾個步驟：

第一步：塑造他人觀感（**M**old Their Perception）
第二步：引導一致態度（**E**licit Congruent Attitudes）
第三步：觸發社會壓力（**T**rigger Social Pressure）
第四步：使其習慣訊息（**H**abituate Your Message）
第五步：優化訊息內容（**O**ptimize Your Message）
第六步：加重其影響力（**D**rive Their Momentum）
第七步：維持他人順從性（**S**ustain Their Compliance）

　　以上步驟看來或許簡單，但在研讀了大量心理學文獻，還要再把資料化繁為簡列出這些步驟也是很傷腦筋（不信的話可

以看一下本書後面的資料來源）。

我寫本書的其中一個目的就是要讓它成為大家收藏中最精彩的一本，在書裡你不會看到任何冗長的說明，不相關的典故，或是其他的陳腔濫調，因為我試著用最直接的說法，開門見山地去描述每一個步驟。（同時仍讓本書有趣且具有吸引力）

最後的背景資料在直接進入 METHODS 的第一個步驟前，我想是需要提供你們一些背景資料，幫助大家從本書獲益更多。

說服並非操控：「操控」這個詞通常表示懷有惡意企圖並利用可疑或公然以不道德的手段來影響別人（例如撒謊和欺瞞），而「說服」一詞很可惜地常會讓人聯想到「操控」，但是兩者之間背後的涵義卻是截然不同。

本書所描述的說服策略可謂遊走於道德邊緣，結局端看你如何使用它們。雖然我的工作並非「說服」你採取一個道德的角度來閱讀本書，但我強烈反對任何人試圖利用這些策略去操控別人。書中所列的原則影響力極為強大，我也呼籲大家務必小心謹慎地做出選擇並為別人著想，如果你要求他人執行的那些行為無法帶來最佳幫助，就請不要輕易地說服他們。

定義：在書中我會以「目標」來表示你想要說服的人（們），譬如當你想說服你的同事幫你寫推薦信，你的同事就成為了你的「目標」（我也會隨機交替使用代名詞「他」或「她」來比喻一個假想人物）。

我也會用「請求」一詞來作為你想要說服別人完成的特定行為（以上例來說為寫推薦信），以及「訊息」表示你在說服過程中所使用的工具（寄給同事的電子郵件），不過這兩個詞

有時會交互使用。

　　最後書中大多數的說服術都有一種「無意識」的影響力，也意味著人們毫無所知這些技術將引導他們的行為。我刻意用「無意識」這個術語，因為「下意識」或「潛意識」都暗示著我們大腦的某些部分在執行這些行為時或多或少仍有運作（事實上卻不然），「無意識」這樣的說法在這裡比較精準，因為所有的一切都在我們意識之外發生著。

　　章節結構：全書共分為七個部分，每個部分都會解說METHODS 的一個步驟，而每部分都有幾篇章節說明其背後相聯的心理原則，讓讀者可以順利完成每一步。

　　每篇章節的組成都很類似，我會先描述其相關的理論背景，以及它們如何影響我們的日常生活，接著我會列舉心理研究來佐證為何這些原理有這麼大的影響力，每篇章節的最後都會附上運用不同原理所延伸的說服策略，來示範如何達到說服的目的。

　　既然已提及我會明確切入正題，為何又要教大家基本的心理原則呢？為何不就著重於實際應用層面？主要有兩個原因。第一個原因是引用研究來佐證理論，希望讀者能更加了解這些理論應用的效能，其次更重要的是要能充分利用這些說服術，必須要先了解它們為何有效的原因，一旦能理解背後的心理學概念，你便不只可以遵照書中示範的策略，甚至可以融會貫通，發展你自己的一套說服策略並靈活應用，如同中國諺語所說：「授人以魚，你只能餵他一天，還不如受人以漁，可以餵他一輩子。」

第**1**步 | 塑造對方看法

	第 **1** 步	**M**	塑造對方看法 Mold Their Perception
請求之前	第 **2** 步	**E**	引導一致態度 Elicit Congruent Attitudes
	第 **3** 步	**T**	觸發社會壓力 Trigger Social Pressure
	第 **4** 步	**H**	讓對方習慣訊息 Habituate Your Message
請求之際	第 **5** 步	**O**	優化訊息內容 Optimize Your Message
	第 **6** 步	**D**	提高對方動力 Drive Their Momentum
請求之後	第 **7** 步	**S**	維持對方順從性 Sustain Their Compliance

概要｜塑造對方看法

　　現實本身是客觀的，但我們對現實的看法卻很主觀。這到底是什麼意思呢？雖然環繞於我們四周的只有一個現實，但對其觀感與解讀卻因人而異，基本上人的看法就像是個鏡頭，投射出我們對於現實的不同解讀，知道如何改變鏡頭，便可以左右人們對現實的看法與解讀。

　　這個觀念卻常造成說服過程中一個常見的錯誤。當人們勸說他人遵從某個請求時，經常一開始便直接提出，不曾仔細思考或許可以成功達成目的的策略，只是一昧地希望目標能夠服從，殊不知只要利用一些心理學策略便可以改變目標對於你欲提出的請求的想法。

　　所以本書的第一個步驟就是要教你如何改變目標對世界所投射的想法，以及如何營造對方觀點，讓局勢轉而對你有利。一旦你改變了他們的想法，所有其他的說服技巧會因你為他們塑造了一個新的觀點而變得更有效且強大。第一個章節便要描述支配我們觀點其中一個重要的因素：我們目前的心態。

第**1**章：設定對方心態 OK

接下來的要求可能有些奇怪，但請大家心裡想著一個運氣很好的侏儒。你有在想嗎？很好，現在憑直覺想一個 1 到 10 之間的數字，快！腦中浮現的第一個數字，不要改變主意。

決定一個數字了嗎？雖然這猜測聽起來很大膽，你想的數字應該是 7 吧，如果你想的數字真的是 7，而且感到很驚訝，請放心，這一章將解釋為何我能猜中你想的數字背後的心理學原理，特別是你會學到為何想像那位「幸運的侏儒」讓你更有可能聯想到數字 7，你將學會如何將原理轉換成實用技術，並應用至日常生活（不過別擔心，我保證不會要你請別人去想一個侏儒）。

一、心態的影響力

在我解釋剛才侏儒的練習前，我們再來試點別的。

這次想想你的母親，讓你腦中那慈祥母親的影像停留一陣子，然後慢慢淡去。

現在請閱讀下面這一段有關馬克的介紹，並以 1 至 9 推測他的積極度。（1= 不積極，9= 非常積極）

馬克剛進入大學第二年。第一年他在某些課程表現良好，但是在某些課程表現平平，雖然他也缺席了一些早上的課，但整體來說，他的出席率還不錯。他的父母都是醫生，他已註冊醫生預備課程，但仍然不確定這是否是他的志願（Fitzsimons & Bargh, 2003, p. 153）。

你心裡已經有評分了嗎？如同你所推斷的，有關馬克的所有資料都很模擬兩可，也就是說，那些資料可謂正面也可以是負面。研究學者將馬克這段模擬兩可的介紹文給實驗對象閱讀，並檢測他們對於馬克的看法會如何因為既有心態而改變。

為了植入一個特定的心態到實驗對象心中，研究員在實驗之前請他們先完成一份看似「不相關」的問卷，有些問卷是關於他們好朋友，有些則是關於他們的母親。

你還記得自己給馬克多少評分嗎？那些收到好朋友問卷的實驗對

象給了馬克平均 5.56 的積極度評分。你的評分更高嗎？根據研究結果顯示，那些在實驗前分配到母親問卷的受測對象認為馬克更為積極（Fitzsimons & Bargh, 2003）。

為何問卷的差異會影響到大家對馬克的想法呢？他們讀到的介紹文並無不同，依照邏輯來看，兩組人應該會給馬克差不多的評分才對，為何填寫有關母親的問卷會讓人們對於馬克的看法影響這麼深呢？

一般來說，大家比較會將積極度及努力獲得成功與他們的母親做聯想，因為追求成功背後的其中一個誘因便是讓母親引以為傲，於是填寫關於母親問卷的受測對象，會比填寫關於朋友問卷的對象更容易被激發積極的概念。即使呈現在兩個群組前的客觀現實相同（提供給兩個群組的介紹文相同），但人們對於「母親」的印象透過了鏡頭，對這篇充滿模擬兩可訊息的介紹文投射出特定的看法。下一段將會說明造成此現象的詳細原因，大家也會學到為什麼那位「幸運的侏儒」容易讓人們聯想到數字 7。

二、為何心態如此具有影響力？

想知道人的心態為何如此有影響力，必須先了解三個概念：心智模組、想法設定以及啟動擴散。

（一）、心智模組： 大家通常會將一個籠統概念與其他許多想法做串聯，比如你對於母親的概念包括鼓勵別人，以及其他許多與母親有關聯的想法。

一旦那些連帶想法，稱之為心智模組，被觸動的話，一個人的觀點與行為便會被改變，因為與之相關的概念會占據著你的腦海（啟動母親的心智模組加深了人們對積極度的聯想，間接影響人們對馬克的看法）。

心智模組通常會產生正面觀感，像是高積極度，但也會導致負面觀感，比如刻板印象。比方說大家對於「亞洲人」的印象可能是數學能力較強，也許你並不認為亞洲人都很擅長數學，但僅僅是聯想都足以影響你對亞洲人的觀感與表現行為。

　　哈佛大學的研究學者為了測試這個說法進行了一項巧妙的實驗（Shih, Pittinsky, & Ambady, 1999）。這項實驗的巧妙之處在於他們選擇作為受測對象的族群融合了兩種矛盾的刻板印象：亞裔美籍女性。人們普遍認為亞洲人的數學較優秀，但另一方面也覺得女性的數學技能較差。研究員想要測試彼此衝突的認知結構一旦被激發，會如何影響她們數學考試的表現。

　　在接受考試前，研究員分別問了兩組亞裔美籍女性不同問題，一組被問到關於性別的問題（例如她們住的宿舍樓層是男女混住還是分開住），另一組則被問到有關種族以及傳統文化遺產等相關問題（她們知道或是在家裡所說的語言），也就是說有一組實驗對象關於「女性」的認知被啟動，而另一組則是有關「亞洲人」的認知被啟動，大家也許可以猜想到兩組之後在看似毫無關係的數學考試中表現如何了吧。

　　對於亞洲人的認知被啟動的實驗組在考試中的表現遠比控制組（考試前被問及中立的問題）來得優異，而女性認知被啟動的另一個實驗組則表現得比控制組還要差得許多。因此即便我們並不相信這樣的聯結，但我們對特定心智模組所衍生出來的看法一旦被激發後，仍然可以影響我們的觀感與行為。

　　而心智型態一開始又是怎麼被啟動的呢？答案就是想法設定。

　　（二）、想法設定：想法設定為啟動心智模組或是心態的一個媒介。如前述的研究，「設定媒介」便是問卷，當她們填寫問卷的時候，關於亞洲人或是女性的認知便隨之啟動。

　　這是否表示要設定一個認知想法只能用填寫問卷的方式？當然不是，其實有很多其他的方法可以設定認知想法（當然你想請你的目標填寫問卷也是可以）。

　　如果不使用問卷，還有什麼方法可以設定心智呢？研究顯示你還可以直接讓說服目標接觸與心智模組相關聯的特定詞彙或想法，為了更清楚說明，接下來我提供一個最基本的案例。

　　以縱橫拼字遊戲做偽裝，研究學者（Bargh, Chen, and Burrows,

1996）讓實驗對象接觸到與老年人相關的詞（例如：**賓果、智慧、退休、佛羅里達州**）。當試驗結束，他們走出實驗室時，你覺得發生了什麼事？令人驚訝的是與控制組相比，接觸到與老年人相關詞的實驗組走出房間的時候速度特別慢，這些關聯詞觸發了與老年人的相關看法，並且啟動了他們對於老年人的認知行為：走路特別慢。

設定想法不僅可讓對方隱約接觸到特定詞彙來達到效果，在對方毫無意識的情況下發生也有相同作用。另一項實驗的研究員讓受測對象潛意識接觸了蘋果公司的標誌，一個具有創意且帶有雙關聯想的公司，以及 IBM 公司的標誌，相較之下企業風格比較直接且創意元素較少。兩個公司的標誌分別只讓受測對象接觸了 13 毫秒，所以他們並無察覺到自己曾接觸過那些圖示，但是與接觸 IBM 公司標誌的群組相比，接觸到蘋果公司標誌的群組展現了較強的創意能力（Fitzsimons, Chartrand, & Fitzsimons, 2008）。

而創意能力是如何被測量呢？在讓受測對象接觸到不同公司的標誌後，研究員請他們列出磚塊一些不尋常的用途，是的……就是磚塊。聽起來好像是個很蠢的任務，但是潛意識接觸到蘋果公司標誌的群組所列出的用途清單比另外一組還要長，清單內的用途也更有創意，所以認知想法設定即便是在下意識運作也非常有效。

雖然設定想法非常地明顯是會影響我們的觀感與行為，但原因是什麼呢？答案就是啟動擴散。

（三）、啟動擴散：我們的大腦有一套語意網路，一個龐大互聯的知識網，裡面涵蓋了所有過去學到的東西。網路內的每個概念稱之為「節點」，會與其他相關的概念連結（兩者關連性越高，之間連結度越強），因為連結的關係，只要語意網路內的一個節點被啟動（透過想法設定），其他相連的節點也會被啟動，這種現象便稱為**啟動擴散**（Collins & Loftus, 1975）。

記得此章節最初提到的幸運的侏儒嗎？啟動擴散可以解釋為何想著這句話會讓人們傾向選擇數字 7。數字 7 基本上就是我們語意網路的一

個節點，並與其他節點相互連結，對多數人來說，數字 7 這個節點會與七宗罪、7-Up 汽水、世界七大奇景，還有其他數不清的相關節點相連，但為什麼「幸運的侏儒」會讓多數人想到數字 7 呢？原因是兩個與數字 7 緊密結合的概念：「幸運數字 7」和《白雪公主與七個小矮人》。

由於這兩個概念在大腦的語意網路與數字 7 存有關聯，一旦此概念被提及便會觸發啟動擴散。當這兩個節點被啟動時，此效應會擴散至數字 7 的節點，於是讓數字 7 更快浮出潛意識，因此當被要求說出腦海中出現的第一個數字時，人們傾向選擇容易被大腦選中的數字 7。

此外，如果我隨意提到其他與數字 7 有關聯的概念，像是「死罪」或檸檬汽水，你們選擇數字 7 的可能性會更高，這些關鍵詞會啟動更多與數字 7 節點相連的概念，並增強啟動擴散的效應。此章節最後，我將說明如何以同樣原理來發揮我讀心術的專長。

但是首先接下來會先教你如何充分利用心智模組、想法設定及啟動擴散，在說服目標的大腦中設計一個你想要的心態（「心智」與「心態」的用法非常類似，此章節會隨機互用）。

三、說服策略：設定對方心態

目前為止此章節已解說了設定特定的心態可以觸發啟動擴散，接下來這個段落將擴展這個知識並介紹一些適合用來說服目標的特定心態。

（一）、設定對方想法： 我們對於世界的觀點大多取決於周遭環境的心智設定，例如有經驗的廣告商都知道因為想法設定的緣故，所以慎選何時何地播放廣告是非常重要的，當觀眾在收看進入廣告前的最後一段劇情時，那最後一幕可能啟動某種心智，並影響觀眾對接下來廣告的想法，如同人們被啟動關於母親的心態，會影響他們看待不明確的情況一樣，廣告前的某些片段也會觸動我們心態，並左右我們對於接下來廣告的觀感。

就以美國影集《實習醫生》為例，幾乎每次進入廣告前都是停在最

令扣人心弦的片段，受人喜愛的主角發現她得了癌症，只剩三個月可活，結束！進廣告。

　　選擇在這個非常時刻放送你的廣告是個極不明智的行銷策略（除非你的產品是有關壽險，或許還行……），其中一個原因便是觀眾也許會因為經典條件反射作用（將於第 14 章節說明），將他們低落的心情與你的廣告聯想在一起。廣泛來說，令人沮喪的情節會觸動觀眾悲傷、絕望或是其他負面的心情，並且影響觀眾感受與解讀你的廣告。為了避免產生負面聯想和不良心智，廣告商必須避免在會導致負面情緒的片段之後播放廣告，並選擇有利於廣告效益的時段（之後會再說明哪些為有利的曝光時段）。

　　想法設定並非僅限定於廣告領域，無論是要發表演講，寫學校作文，甚至跟另一半秀你的新髮型等等，我們每天都在面對如何讓傳遞給對方的訊息達到最佳效果。接下來我將告訴你哪一種心智想法可以通用於所有情況，而哪些可以視不同的情況來應用。

　　1、一般心智：如果你想讓目標有一個思想開明的態度，為何不就幫他釋放出開明的心態呢？事實上讓目標接觸到與開明豁達有關聯的關鍵詞（如靈活、彈性、橡膠、改變）確實能促發他們較開明的態度（Hassin, 2008）。賓果！

　　還有更多的好消息。雖然直接提及你有「彈性的」時間表也不會不好，但有另外一個更直接的方法可以啟動思想開明的心智。本章節的實驗已經證實僅僅引導目標聯想到特定概念，便可觸動期望的想法，如果要鼓勵對方擁有彈性且開明的想法，你也可以讓目標接觸到另一個思想開明的案例當中。

　　其中一個簡單的方法便是開啟一段以思想開明為主題的對話，你可以在提出你的訊息或是請求前，不經意地描述某人最近試了之前沒嘗試過的事，而且有個非常愉快的經驗，就像以下如此簡易的步驟也能奏效：

　　記得你曾告訴過我應該嘗試聽聽看「蒙福之子樂團」的音樂嗎？一開始我並不喜歡，但是重複聽了幾遍之後，現在我挺喜歡他們的。

只是隨意地提到某人表現得很開明，就可以開啟目標對於接受新事物的心態，一旦此心態被開啟後便可以觸動開明的想法，就好比要求別人腦中懷有母親的形象可以讓他們認為某人個性很積極一樣，打開目標思想彈性的心智，就如同打開了他們開明的態度投射，便能以比較開明的角度來看待事物。

如果前述開啟對話的方式並不符合你的個性或情況，別擔心！還有許多其他能打開話題的選擇可供使用：

>> 你覺得空中跳傘怎麼樣？我朋友珊卓之前超害怕空中跳傘的，但她最近去玩過之後發現她愛死了。

>> 你喜歡茄子嗎？我朋友比爾以前討厭茄子到一個地步，但有趣的是，他最近嘗過之後，現在變得好愛茄子，我自己其實也不太喜歡，但我想也許可以再試試看。

>> 我的公司最近來了一個新人，雖然剛開始我不怎麼喜歡他，但我讓自己保持開放態度，現在我漸漸開始喜歡他了。

我並不是建議你說謊，只是希望你們能真誠地投入，與目標開始一個關於開明態度的對談，對話內容的細節越多，就越能開啟對方保持彈性的想法，也更能夠加深目標對你的訊息的好感度。

如果你真的無法想到與開明態度相關的事情，還是可以利用這個概念並啟動其他對你自己情勢有利的心態，接下來會介紹其他的方法。

2、**其他心智**：想法設定其中一個最大的優勢便是它的彈性，因為有啟動擴散的作用，所以有許多其他有效的心智想法可以拿來使用，讓你的請求更能引起別人興趣。

假設你要在雜誌內頁放一則廣告來宣傳自己關於說服術的新書（唏，誰要寫關於說服別人的書啊，爛死了），當你與編輯或是業務討論擺放位置時，你請他們描述幾則會出現在這一期的文章主題，你發現其中一篇文章是最近一本暢銷書作者的訪談。

如果你是個頗有心機的說服者，就會懂得利用這次機會，你意識到這個訪談文章可能會讓讀者聯想到「排行榜暢銷書」，於是你決定在暢

銷書作者訪談文章的下一個篇幅為你的新書買下全頁廣告，雖然讀者很清楚你不是前面訪談文章的暢銷書作者，但他們關於「暢銷書」的心態會被啟動，比起隨便選一頁安插你的廣告，將廣告排在訪談文章之後可以說服更多潛在讀者購買你的書。

（二）、**設定對方行為：**如果你想要支配的不是別人的觀感，而是順從你請求的行為呢？在某些比較注重行為的情況下，光是啟動思想開明的概念或許還不夠，難道你就無計可施了嗎？當然不是，你只是需要設定不同的心態。

還記得人們對於老年人的想法被誘發之後，導致他們走路速度也變慢了嗎？越來越多研究顯示有各種行為可藉由想法設定被引導出來，與其介紹一堆潛在的設定方法，不如來看看下面「表 1.1 用於行為的想法設定」，一些研究學者所發現的有趣結論吧。

表 1.1 用於行為的想法設定		
期望心態	設定媒介	結果
禮貌	與禮貌相關的關鍵詞接觸（如：**尊重、榮耀、體貼**）	受測對象等待較久才中斷實驗者
友誼	關於朋友的問卷	受測對象較有可能答應參與進一步的實驗
智慧	寫一篇有關大學教授的作文	受測對象回答出較多益智問答遊戲
整潔	柑橘香味多用途清潔劑	受測對象用完餐後較能維持桌子清潔
罪惡感	與罪惡相關的關鍵詞接觸（如：**內疚、懊悔、罪行**）	受測對象較傾向於購買糖果（基於「內疚的快感」）

禮貌（Bargh, Chen, & Burrows, 1996） 友誼（Fitzsimons & Bargh, 2003）智慧（Dijksterhuis & van Knippenberg, 1998）整潔（Holland, Hendriks, & Aarts, 2005） 罪惡感（Goldsmith, Kim Cho, & Dhar, 2012）

　　同於之前的部分，這個段落將說明可以普遍通用的一般心智以及適用於其他不同狀況的特定心智。

　　1、一般心智：可以幫你引導目標順從性的有利心智有哪些呢？你可以像之前一樣找一個話題作為開始，但是與其將主題圍繞在開明心態，你可以將主題改為順從。試著說一段關於某人遵從請求的話題，或許可以激發目標關於順從性的心態，並且引導目標執行與順從相關的行為，也就是照著你說的做。

　　另一個已獲得研究證實的一般心態為「樂於助人」，當實驗對象接觸到與熱心有關的關鍵詞時，他們比其他人更傾向於協助撿起實驗者假裝不小心掉下來的物品（Macrae & Johnston, 1998），如同你看到的前述想法設定研究，啟動關於禮貌（Bargh, Chen, & Burrows, 1996）與友誼（Fitzsimons & Bargh, 2003）的心態也能達到相似效果。

　　最後還有一個幾乎適用於所有情況，並且和社會規範相關的心智可以使用，給大家一個提示：這是個一年只會發生一次的日子，放棄了嗎？幾百年來我們對於生日的聯想一定就是送禮，所以如果啟動生日相關的心態，就有可能引導與送禮相關的行為。

　　如果我想做一個病毒影片，我應該選擇對我自己最有利的一天，也就是使出「生日」這招來說服我的臉書好友們來分享這個影片。該怎麼做呢？在將影片上傳到臉書並請好友分享前，我先將臉書的大頭照換成自己在生日這天切蛋糕的照片（管它照片是多久以前拍攝）。讓大家先看到新的大頭照，並讓他們聯想起生日的心智，接著就是送禮的想法。由於送禮的想法已被挑起，臉書好友們對於我的請求，像是分享我的影片會感到有些壓力，然而這樣簡單的技巧是否真的能成功散播影片呢？我就用這個方式散播我的 YouTube 影片「聊天輪盤讀心術─第一部」，結果分享此影片的臉書好友人數比我預期得更多（結果像病毒一樣，第一週就達到一百萬名瀏覽人數），影片散播成功雖然也可能有其他因素，但是新的大頭照應該也加分不少。

大家應該要明白這類想法設定通常都不在我們察覺之下發生，如果有人看到我切生日蛋糕的照片，他們不需要想：「噢，是尼克的生日嗎？我應該幫他分享影片讓他開心。」事實上他們根本不需要直接看到我的大頭照，好比潛意識接觸蘋果公司的標誌能讓人變得更有創意，無意識接觸到任何關於我生日的照片都還是可以觸發送禮的行為，這也是為什麼大家對於分享我的影片感到有壓力，卻不知道原因，想法設定便是有這點好處。

2、其他心智：假設你是一位愛喧嘩的學生的老師，希望能引導出他遵守規矩的行為，你該怎麼做？

你可以利用另一項社會規範的優勢：不可在圖書館喧嘩。當實驗對象接觸到圖書館的照片或是被告知要去參觀圖書館時，他們不僅能更快地分辨出與安靜相聯的關鍵詞（如沉默、寂靜、靜止、耳語），行為舉止也變得像真的在圖書館一樣，另外和接觸到火車站照片的群組相比，接觸圖書館照片的實驗對象說話音量也比較低（Aarts & Dijksterhuis, 2003）。

為了矯正學生們的行為，也可以用類似的方法。將一幅圖書館的照片掛在教室牆上，引發學生對於圖書館的心智模組，或許就能引發在圖書館內一致的行為（保持安靜）。雖然孩子們可能較難被說服，但如果結合這個與其他書裡所介紹的技巧，你或許就可以重新取得在教室裡的掌控權。

想法設定的應用只會被你的想像力給侷限。每當你試圖想說服別人接受你的訊息或服從你的指示，試著腦力激盪一下是否有適合的心智想法，可以用來扭轉成對你有利的情勢，可能只是個簡單的技巧便可以推波助瀾，協助推動目標的順從行為。

四、讀心者的觀點：如何利用想法設定讀心

我從很年輕的時候就開始表演魔術，但卻很討厭稱自己為魔術師，所謂的「魔術師」給我的印象就是一個穿著燕尾服的怪異傢伙，從帽子裡抓一隻兔子出來，那樣子的印象一點也不酷（雖然在某些層面上我是很怪異，但我沒有燕尾服，還對兔子過敏）。

雖然我現在以「讀心師」的身分表演，但我的表演絕非靠超能力，其實任何人都可以試著以下列三種方法讀心：

（一）、利用魔術和騙術（如熟練的手法）好讓自己看起來知道對方在想什麼。

（二）、觀察對方的肢體語言，非語言行為，及其他可靠線索來猜測對方在想什麼。

（三）、在對方不自覺的情況下填入指定想法，接著假裝「閱讀他們的心」。

而我是用哪個方法呢？我多數時候利用第三個方法，但仍會使用第一個及第二個方法來加強我的效果。

當我趁對方無意識的時候影響他們想些特定事物，不管是復活節兔子、橘色或是甜點蛋糕，我都會暗示對方我期望植入的想法。本章節剛開始我已用數字 7 做為案例，接下來再提供你們另一個試驗，跟之前一樣，請憑直覺來回答腦海中立即浮現的答案，請想一個你在花圃裡可能找到的蔬菜。

想到一個蔬菜了嗎？雖然我剛剛一直跟你們形容我是如何運用隱約的暗示來誘導你們去想特定的東西，但我其實在引導你們想到胡蘿蔔。如果大家讀到前面的段落的話，便會注意到我一直在提示跟胡蘿蔔有關東西，像是兔子、復活節、橘色和蛋糕（胡蘿蔔蛋糕）。與啟動擴散一樣，那些提示都會讓你無意識地想到與胡蘿蔔相關的心智想法，當你被要求立即選一個蔬菜的時候，由於啟動擴散的原因，你的大腦很快地就挑中了胡蘿蔔。這是不是還挺酷的呢！

第2章：錨定對方看法 OK

當你回答下列問題時，心裡想一個確切的預估值：

>> 舊金山的平均溫度是高於還是低於華氏558度（攝氏292.2度）？

>> 披頭四樂團擠進排行榜前十名的專輯銷售量高於還是低於 100,025 張？

>> 大學教科書的平均售價是高於還是低於 7,128.53 美元？

針對上述問題你心裡都有一個估計值了嗎？讓我猜猜，你所有的估計值是否都比題目提供的參考值還要低得許多？我完全不訝異，讓人訝異的是即使提供的參考值再怎麼誇張，都能影響你的預估，讓你最終的答案比沒有參考值的情況下還來得高（Quattrone et al., 1984）。如果你懷疑的話，可以拿你朋友做試驗，問他們前述三個問題，但不要給他們參考數字，他們的答案很有可能比你的還要低。

這個心理現象稱為錨定效應。是由兩位在人類決策判斷領域中傑出的佼佼者 Amos Tversky 與 Daniel Kahneman 於 1979 年所定論，他們發現人們通常會根據與錨點值（起始值）的相對差距來做判斷評估。

前面三個問題所提供的參考值其實就是一種想法設定，因為那些數字促發了你某些想法並影響你的估測，那些參考值引導你以為舊金山總是艷陽高照，披頭四樂團有很多專輯都占據排行榜前十名，而大學教科書普遍都很貴。有了那些印象之後，你的估計值就更加可能與那些想法一致。

除了想法設定之外，還有另一個可以解釋此現象的原理，錨點效應通常是指人們會藉由初始固定點為基礎來維持或調整自己的判斷，譬如說當看到題目的參考值華氏558度，大家會傾向以此溫度為基準開始向下調整，直到找到覺得合理的估計溫度為止。

而你將會於本章節學到，這些調整（錨點效應整體而言）可能會導致錯誤且有害的判斷。

一、錨點的影響力

現在大家已經讀過本書第 1 章，大概知道本書內容的品質，以你們

目前的想法，購買我下一本書的可能性有多高？可能性比 90% 高還是低？現在請想一個確切的估計值你們購買下一本書的可能性是多少。

你們心裡有數了嗎？無論有沒有察覺，你們應該會從 90% 開始往上或往下調整估計值，不管是往上或往下調整，你們的答案應該都會比參考值為 10% 要來得高才對。

等等，當你在估測是否會購買我下一本書的可能性時，不就應該知道可能會落入錨點效應的陷阱嗎？既然知道，不是應該刻意把可能性估算得較低一些嗎？你以為應該是這樣，但不幸地，錨點效應的影響力如此強大，讓你即使知道它的存在卻仍然會被其左右。

然而相關研究最驚人的發現是即使刻意提醒人們錨點效應的存在，結果依舊徒然無功。有一群研究學者於 1996 年（Wilson and colleagues）詢問實驗對象估測出現在電話簿上的醫生人數有多少，並在寫下一個四位數的識別證號碼之後請他們提供確切預估人數，研究人員希望能測試錨點效應的存在是否會影響實驗對象的估測，所以他們事先警告實驗對象虛構的識別證號碼可能會影響他們的答案。

大家腦中的數字可能影響他們接下來的答案……當你回答下一頁的問題時，**請記住不要讓這個數字影響你的答案**，我們希望盡可能得到你最準確的預估（Wilson et al., 1996, p. 397）。

讓人驚訝的是即使事前已提醒大家，他們在推測電話簿上醫生人數的時候，仍然會被識別證的數字給左右，即使人們清楚錨點效應的威力，卻仍無法擺脫其影響力，可見此效應的影響多強大！

二、為什麼我們需要錨點？

我們已經說明為何錨點能影響我們的兩個原理（想法設定與調整數值），接下來會說明為何人們做決定時這麼依賴錨點。

（一）、產生正確判斷：也許我們有意識或無意識地使用錨點（參考值）的最主要原因是我們真心認為那樣能幫助我們做出正確的判斷，以下為兩點支持這項說法的依據：1、想要積極做出準確判斷的人仍使用

參考值作為輔助工具。2、即使沒有提供參考值，人們還是會自行產出數值來做為判斷依據。

1、**動機越高越可能使用錨點：**同一批完成電話簿實驗的研究人員進行了另一項實驗，並提供受測對象如果得出準確估計就可以獲得獎金的誘因。參與實驗的人被告知推測的答案最接近真實數值的人可以得到50美元，但結果證明多了誘因與提高動機並沒有改變任何事，不相干的證件號碼還是會影響他們的推測（Wilson et al., 1996）。

錨點效應不僅能影響微不足道的小事，像是電話簿裡的醫生人數，甚至也會影響重大決定。已有大量研究指出錨點效應也會影響犯罪判決，證據顯示法官經常會依賴錨點作為參考值來決定罪犯的服刑時間。當執行法官被要求閱讀一個虛構行竊案，並給予適當的判決時，他們常會被檢察官所建議的時間給左右，即便他們已被告知建議的時間完全是隨機的數字：

為了實驗目的，以下檢察官所提出的判決請求純屬隨機，因此完全不具有法律依據：檢察官所提出之求刑時間為緩刑3個月（Englich, Mussweiler, & Strack, 2006, p. 192）。

當辯護律師提出1個月的判決，而檢察官要求3個月時，執法人員判定的平均時間為4個月，當之前檢察官的3個月請求改為9個月時，執法人員的平均決定時間變成了6個月。結論是即便已被告知服刑時間完全是隨機選擇，執法人員判定的服刑時間仍比原先多了2個月。

2個月的差異似乎不算太多，但是研究學者發現某些時候錨點效應甚至會造成好幾年的判決差距（Pepitone & DiNubile, 1976）。即使實驗當中已特別強調建議的服刑時間僅是由丟骰子所得出的結果（Englich, Mussweiler, & Strack, 2006）仍無法改變什麼。所以就算是專業的執法人員，也利用了錨點來幫助他們作決定，但一個毫無關係的數字能從此改變一個人的生命，光是想到就令人震驚。

2、**自行產生錨點：**另一項研究證實錨點可能影響我們判斷的證據就是人們傾向依賴「自生錨點」（Epley & Gilovich, 2006）。在某些

情況下我們沒有合適的參考值可依循，於是便自行產生錨點來協助我們作決定（故稱為「自生錨點」）。

假設你要應徵一個工作職位，必須要填寫你期望待遇（這問題也太讓人生氣了吧），欲填寫你的估計值，需要執行以下三個步驟：

（1）、決定你應徵的職位平均薪資是多少（可依靠自身經驗或求助谷歌大師）。

（2）、判斷應徵公司的評價為何（平均來說好還是不好）。

（3）、以平均薪資作為起始值，依據公司的評價來調整期望薪資，如果公司的知名度很高或很有聲望，可能你會依平均薪資往上增加（反之亦然）。

在這種情況下，平均薪資可謂是「自生錨點」，因為你自行創建一個參考值，並以此來推算期望待遇。

自生錨點不只可以用來估算期望待遇，也可被使用於很多不同狀況，在一項研究中人們被問及一個傷腦筋的題目：伏特加的冰點為何？於是他們利用水的冰點來作為一個參考值，知道水的冰點為攝氏零度的人都了解伏特加的冰點一定低於零度，於是便從這個條件開始估測（Epley & Gilovich, 2006）。

雖然錨點可以帶出較準確的判斷（像是利用水的冰點為基準點），但卻常導致錯誤的判斷，特別是在為何我們使用錨點的第二個理由時：為了要節省花腦筋的時間。

3、節省動腦時間：人類天性就很懶惰，雖然我們希望能做出準確的判斷，卻不想因此花費太多精神，很不幸地，當我們利用錨點來作為判斷的捷徑時，卻經常因此無法達到準確判斷的目的。

以下為兩種我們用錨點值作為捷徑常用的類型（但常導致錯誤判斷）。

（1）、**貌似合理的結果：**還記得我請你們估計會購買我下一本書的可能性嗎？因為問題來的太突然，要你們給一個確切的可能性應該挺困難的，與其隨便給一個數字，你們應該會給我一個合理的範圍。

假設你的回答介於 50% ～ 70% 之間（不論你在有意識或無意識之下做出這決定）。如果參考值為 90% 的話，你可能會以 90% 為基準往下調降，直到符合你設定的範圍，也就是 70%（範圍內最大值）。另一方面，假如初始參考值是 10%，你的預估將會從 10% 往上增加到符合你的設定範圍，也就是 50%（範圍內最小值）。心得：參考值可能導致錯誤判斷，因為我們常會以此數值為基礎，調整至看似合理範圍內的最大或最小估計值（Epley & Gilovich, 2006）。

將此原理運用到法庭的話，假設某一個罪行的判決為 2 ～ 4 年，如果檢察官請求判決為 5 年，那麼法官便有可能從 5 年開始減少刑期，直到減至最久的 4 年。倘若檢察官要求判決只有 1 年的話，法官會從 1 年開始向上增加直到合理範圍內的最小值，也就是 2 年。只因為一個隨意的數字，審判結果可以有整整 2 年的差距。

（2）、**可得性捷思法：** 另一個常錯用錨點的類型就是可得性捷思法，意為單純根據記憶中事件發生次數的多寡來衡量其可能性。當我們接收到一個參考值時，我們必須要評估此數值是否可信，如果記憶中此事件太常發生，我們便錯誤地判定所屬的參考值是正確的，於是便以此為基準做出決定（Mussweiler & Strack, 2000）。

在法庭上，法官可能會誤將容易被記起的判決結果與其發生次數相連結，如果檢察官請求判決 5 年，法官可能會想起之前這項罪行有相同判決，如果他可以很輕易地記起這件事，他或許會斷定審判結果應該要和 5 年差不多。

這個錨點效果的應用之所以這麼不幸的原因是，除了判決結果的次數較頻繁之外，還有許多原因能讓法官對此判決印象深刻，也許法官容易記起特定罪行被判決 5 年是因為當時罪犯的行為特別囂張惡劣，而非判決的次數。在這樣的情形之下，5 年的判決即使比平均結果更長，但是法官都會錯誤地認為 5 年僅是平均服刑時間而已。在這樣不幸的狀況下，犯下輕微罪行的刑犯有可能因為誤判而須受到比原來更嚴厲的判決。

三、以參考值為基礎調整方向的決定因素為何？

此章節主要著重於**同化**：判斷傾向朝著參考值的方向去調整，但是錨點效應也可能產生**對比效果**：判斷也會朝著參考值相反的方向去改變，想要感受一下對比效果，請看以下視覺假象圖，稱作「艾賓浩斯錯覺」（Ebbinghaus illusion）：

哪一個圓圈比較大？A 還是 B？圓圈 A 較大，對吧？看起來是這樣，但其實兩個圓圈一樣大。這兩個錯視圖恰好表現出對比效果，人們會因為旁邊的感官刺激而對同樣事物有不同感受。當你判斷圓圈 A 和 B 的大小時，你的感官會被圍繞在旁邊的圓圈影響：圓圈 A 旁邊有很多小圓圈，讓你感覺好像 A 比較大；而圓圈 B 四周都是大圓圈，讓你覺得 B 比較小，這種感官上的差異稱為「感官對比效應」。

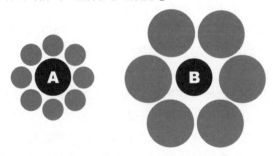

對比效果不僅是在錯視圖的圓圈上面影響我們的感官認知，生活中不同的刺激物也影響著我們的判斷，包括我們對其他人外貌的感受。研究人員讓一群男性實驗對象收看《霹靂嬌娃》（70 年代的一部影集，由三位外表美艷的女性擔綱主角）之後，再讓他們看一張女性的照片。與控制組相比，看了《霹靂嬌娃》之後的實驗組給了照片中女性的外表較低的評分，因為影集中的女主角讓他們的感受產生對比效果（Kenrick & Gutierres, 1989）。

好比同化效果，對比效果每天都在我們不自覺中扭曲我們的認知，這些效果能影響我們選擇不健康的飲食還是有機水果沙拉。為了驗證，

我請大家先估計一個經典起士漢堡內所含的卡路里數，記得這個估計值，我等一下會再回頭來問你們。

現在你知道同化（朝參考值方向調整）與對比效果（朝參考值的相反方向調整）的差異，而什麼因素能決定調整方向呢？什麼情況下我們會朝接近參考值的方向調整，而什麼情況又會朝相反方向調整呢？其中一個首要因素就是參考值是否太極端，當人們在做判斷時，如果參考值太極端的話就會造成對比效果。

還記得之前推測起士漢堡的卡路里數嗎？如果問其他人相同的題目，他們的推測應該會比你的還要低，這是為什麼呢？就在我請你做預估之前，我在句子中提到了有機水果沙拉，雖然你可能沒有留意，這個暗示其實成了一個參考值，讓你們覺得起士漢堡的卡路里應該很高。

最近一項研究已證實這個結果（Chernev, 2011）。當人們對於「有機水果沙拉」（位於卡路里數較低的那一端）的想法被啟動時，會將起士漢堡的卡路里估計值朝完全相反的方向調整，因為兩者之間的卡路里數感覺太懸殊了，也就是說健康的有機沙拉就如同錯視圖中圍繞在漢堡四周的小圓圈，讓你誤以為中間的漢堡卡路里非常高。相反地，如果人們對於「超濃厚起士蛋糕」（卡路里非常高）的想法給誘導出來的話，估計漢堡的卡路里時便會朝著最高值的相反方向調整，而起士漢堡突然變成了較小的圓圈 B，因為印象中油膩的起士蛋糕，讓你覺得起士漢堡的卡路里好像少了許多。

本章節已說明同化現象，意指將審判結果朝著隨機建議值的方向調整可能從此改變人的一生，但不幸地，對比效應也是如此。當法官評估完殺人罪的判決時（參考值落在審判天平的最高一端），通常會視接下來的罪行較輕微，如果緊接在殺人罪之後的罪行是襲擊傷害罪，法官會因為感官對比效應，傾向做出比平均判決更輕微的決定，同樣的道理，如果一宗殺人罪緊接在傷害罪之後審理，法官看待這宗殺人罪會比平常更為嚴苛，較可能做出比平均更嚴酷的判決（Pepitone & DiNubile, 1976）。

在我們繼續之前，大家必須要明白對比效應只會發生在語意的範圍（如食物或罪行的種類），好消息是幾乎所有可被量化的錨點都會產生同化效應，如同大家被問及甘地的年齡是高於還是低於 140 歲時，多半都會猜他的年齡偏高（Strack & Mussweiler, 1997），你們提供給目標的參考值，無論是與問題相關的，隨機的，還是誇張極端的，都會讓目標的答案往參考值的方向調整。

四、說服策略：錨定對方看法

利用錨點來加強說服力的例子有很多。可能身為業務，時常要寄 e-mail 詢問你的客戶是否有意願再度購買你的商品，這時可提供一個比實際平均要高的錨點值給客戶做為依據，這個高錨點值就像是個參考值，讓客戶可以朝著這個數值去調整，讓他們的購買量比原來還要更高。

除了基本的錨點設定策略之外，其他還有許多沒那麼容易被察覺的說服策略。接下來我將介紹一些聰明的技巧，讓你明白錨點的潛在好處。

（一）、提供誘餌：如同丹‧艾瑞里（Dan Ariely）於《怪誕行為學》*Predictably Irrational* 所述，你所給予目標的選項會促使他們拿來與其他選項做比較，假設你正猶豫兩本雜誌要訂閱哪一本。

>> **方案** A：電子書訂閱 59 美元。
>> **方案** B：電子書及紙本訂閱 125 美元。

當讀者發現有這兩種選項時，68% 的學生選擇電子書訂閱，而 32% 選擇電子書及紙本訂閱，為出版社達到了 8,012 美元的收益。

但當第三個選項加進來時，意想不到的事情發生了，注意以下方案 B-（意指此訂閱方案與方案 B 類似，但條件較差）：

>> **方案** A：電子書訂閱 59 美元。
>> **方案** B-：紙本訂閱 125 美元。
>> **方案** B：電子書及紙本訂閱 125 美元。

如果讀者有以上三種選擇，你應該很難看到有人會選方案 B-，既然電子書及紙本訂閱和只有紙本訂閱一樣價格，讀者為什麼要選擇只有紙本的方案呢？

你的直覺判斷正確，沒有任何一位受測學生選擇新增的訂閱方案。但光是多了這個選項就改變了結果，訂閱收益從 8,012 美元增長至 11,444 美元，原因為何呢？選擇方案 A 電子書訂閱的人數從 68% 降至 16%，而選擇方案 B 電子書與紙本（較貴的方案）的人數從 32% 增加至 84%。

基於對比效果，方案 B 顯然比較划算，而方案 B- 相形失色，但因為沒有其他類似選項與方案 A 做比較，大家會傾向於選擇方案 B，因為感覺是三組裡面最優惠的選項。

當人們對兩個選擇舉棋不定時，如果想要對方做出你期望的決定，可以再新增一個與期望選項相似，且須是更好或更壞的選項。當你新增一個相似的選項，便是提供他們一個可以與原來選項比較的參考值，如果新選項比較好，自然會從中勝出，如果新選項比較差，那麼原有的選項就雀屏中選。

假設你的工作是提供諮詢服務，並想要利用「誘餌效應」提升業務，你可以提供客戶三種價格選項：第一是低價格，第二是中間價格，第三是價格非常高，大家應該會捨棄最高的價格，並選擇價格低至中間的選項，整體而言可以幫你帶來更多營收（Huber, Payne, & Puto, 1982）。

即使不是要賣產品，你也可以運用誘餌效應在瑣碎的生活小事，比如誘導你朋友去吃一家特定餐廳。假設你跟朋友在爭論要去哪家餐廳，有些人想去墨西哥餐廳，你和其他人則想去中華料理店，如果你知道你的朋友不是很喜歡另一家特定的中國餐館，不妨也把它加進選項內，因為朋友不喜歡的那家中國餐館與你想去的那家雖然風格相似，但在某方面更提不起他的興趣，因此你便觸動了對比效應，讓你想去的中華料理店較有可能被選中。

（二）、以退為進法： 為了幫我向其他人宣傳我這本書，你願意再多買幾本送給你朋友或同事嗎？什麼！你不願意！好吧，那你願意買我的下一本書給你自己嗎？

上一段便是以退為進法的舉例說明，先讓對方拒絕一個較大請求後，他們便可能會答應接下來較小的請求，第一個較大的請求會造成對比效應，讓下一個請求顯得較不費力，讓你的下一個請求較有可能獲得成功。

在原先的實驗中，Robert Cialdini 與研究同事詢問隨機篩選的大學生是否願意在接下來兩年，每周花兩小時到少年管理所當志工，你應該猜到他們的回答是什麼，大家應該馬上就答應這難得的機會吧，當然不是，如你所想，幾乎所有人都禮貌性地謝絕了這個沉重的請求。

但是當實驗人員接著再詢問大學生一個較小的請求後，有趣的事情發生了，他們希望大學生能花兩個小時帶少年管理所的人去動物園玩，如果沒有之前的大請求，只有 17% 的人願意接受之後的小請求，但是有了第一個大請求（被婉拒之後），願意答應動物園這個小請求的人增加三倍至 50%，第一個大請求成為大家的參考值，用來衡量是否應該答應動物園的請求，有了先前的參考值可以做比較，第二個請求似乎比較不費精神，所以較有可能會被接受。

（三）、傳遞高度期望： 雖然我也許持有偏見，但我真心相信這本書的內容豐富、有益且趣味十足，我甚至可以說你們一定會給此書滿分十分的評價。

前面兩個敘述的技巧（提供誘餌及以退為進法）皆為對比效果，其中並無任何「同化」的成分，不過有另一個方法是讓人們的判斷結果較接近設定的參考值，也就是傳遞適當的期望，就像我斷定你們會給此書滿分十分的評價。

這個方法如何應用在我們生活中呢？假設你現在要交給教授一篇作文，當他問你覺得作文成績如何，你會怎麼說？為了保障你能拿到高分，你可以利用錨點效應的優勢，開個玩笑說你的作文「值得拿到 A」。表

面上這種說法聽來沒什麼，但身為一個有心機的說服者，說出 A 這樣的高分成績，能讓你的教授以此為基準來評分你的作文，比起沒有這個成績做為參考，他給你作文的評分應該會更高。如果已有三十多年經驗的專業執法人士都能被錨點效應左右判斷的話，沒道理學校的教授不會被影響。這其中有許多原因為何傳遞高度期待這麼具有說服力，我將於下個章節有更進一步的說明。

五、讀心者的觀點：
我如何利用錨點效應到 100 美元開場遊戲中

　　在我讀心術表演的開場，我先與大家玩一個遊戲，其中一位參與遊戲的民眾可以贏得 100 美元（觀眾不知道的是，我利用了參考值將情勢轉為對我有利）。

　　我在桌上放了四個信封（每一封各印有 1、2、3、4，四個數字），我告訴觀眾其中一個信封內有 100 美元現金，我請三位志願者到臺前來，請他們每人選一個信封，如果他們選到內有現金的信封的話，他們可以拿走現金，當我請第一個志願者抽信封的時候，我說：

　　這個表演我做了很多次，之前的 5 次表演中，現金都藏在 3 號信封。為什麼我要告訴你呢？我是刻意要你選 3 號信封，還是我在用反向心理學引導你選不同信封呢？

　　除非特殊情況，第一位志願者通常會選 2 號信封，原因為何？你可以請一位朋友講出 1 到 4 之間一個數字，他最有可能說出 2 或 3（說出 3 的機率較大），大家通常不會選 1 或 4 因為他們太明顯了（而且你已暗示他們選 1 到 4「之間」的數字）。

　　但是為什麼第一位志願者會選 2 號信封而非 3 號信封呢？你可能有注意到，我對他們說的話並不鼓勵他們選 3 號信封，因為我已抓住他們對 3 號信封的注意力了，清楚地提到第三個信封最常被找到現金已讓大家不太想選它了，如果他們還是選擇 3 號信封，會被觀眾認為他們太輕信他人（正是他們想避免的事），然而大家還是會偏向選擇中間的信封，

於是只剩一個可以選，也就是 2 號信封。

　　第一位觀眾選走 2 號信封後，接著就是第二位，因為第一位並沒有選擇 3 號信封（雖然我宣稱現金常在 3 號信被封找到），第二位觀眾現在對於是否要選 3 號信封壓力更大了，如果他不選的話，第三位志願者應該也不會選 3 號信封，最後如果我真的將現金放在 3 號信封的話，那所有的志願者就會顯得很蠢，也正是第二位志願者在掙扎是否要選 3 號信封時極力避免的感覺。

　　到目前為止，我已將 2 號及 3 號信封從選項中去除，現在我只要能影響第三位志願者的選擇即可。事實上我已經暗示這位志願者選擇 4 號信封了，你可以猜到為什麼嗎？給你一個提示：跟錨點效應有關。

　　如同我之前對觀眾所說的，我提到了 100 美元現金在過去的「5 次」表演中都藏在 3 號信封（且不只一次地提醒觀眾），所以最後一位志願者會傾向於選擇 4 號信封，因為我已在他們潛意識設定了一個比剩餘選項還要高的錨點，當最後一位志願者面臨 1 號及 4 號信封的選項時，她會先以「5」做為參考點，並順勢往下調整，直到找到接下來最有可能的選擇（即 4 號信封）。

　　隨意與你朋友試試這個遊戲，但可以不用放真鈔在裡面。心理戰術從來就不是萬無一失的，所以我總是有幾個備份方案，以防結果不如預期（這還蠻常發生的）。

第3章：傳遞高度期望 OK

你走在捷運站內，經過一個正在演奏的小提琴手，你時常在這裡看到他，但還是朝著你的目的地前進，並沒有因此停下步伐。

現在將時間快轉兩週，你朋友送你一份生日大禮：兩張舉世聞名小提琴家演奏會的昂貴門票，雖然你不曾聽說過他，但對於能聽到世界上其中一名偉大的音樂家演奏而感到興奮。

演奏會那天終於來臨，你坐在音樂廳，焦急地等待演出，小提琴家站上舞臺開啟序幕，當他一開始演奏你便驚豔不已，你從未接觸過這樣高格調的小提琴表演，簡直被表演者的才華給震懾住，那天晚上你被他的演出感動到哭，結束後甚至激動地起立鼓掌，認為那是你此生看過最棒的表演。

抽考時間……第一個在捷運站內拉小提琴的人與第二個音樂會小提琴家有什麼不同呢？捷運站內的那位演奏家只是半調子，而音樂會的小提琴家有世界一流的水準，對嗎？如果那位享負盛名的小提琴手與捷運站的演奏者是同一個人呢？你應該還是會注意到他的才華與精湛的表演，對嗎？

2007 年 1 月 12 日，一位小提琴手在華盛頓特區的朗方廣場捷運站演奏了 45 分鐘，在那 45 分鐘內，少數人停下腳步捐贈了幾塊錢，但沒有其他不尋常的事情發生。幾乎每個人都踩著平時的步伐，並沒有因此而停下來聆聽他的表演，為什麼這麼驚訝？這位小提琴家，約夏•貝爾，是世界上最優秀的小提琴家之一。就在他於捷運站表演的前兩天，貝爾演奏會的門票於波士頓一家音樂廳以一張約 100 美元的價格售罄，據報導指出，他用來演奏的小提琴要價 350 萬美元，不用說，貝爾已被公認為世界上最偉大的音樂家之一。

但為什麼人們在捷運站時沒有注意到他的演出呢？為什麼多數人只是經過，卻沒有停下來聆聽他美妙的音樂？人們真的有可能只在音樂廳驚豔於他的表演，卻對他在捷運站的演出視而不見嗎？閱讀完本章節後，你就會明白這其實並非不可能，這驚人差異的背後與我們的期望以及它們如何塑造我們對世界的觀感有關。

一、期望的影響力

　　我們的期望與心態雷同，兩者都左右著我們對這世界的看法。每當我們建立起對某個事件的期望，我們的大腦便開始創建對那個事件的看法來符合我們的期望，我們只看到我們期望看到的，聽到期望聽到的，並且感受期望感受到的。

　　安慰劑效應便是這個概念的最佳例子。當研究人員欲測試新藥在病人身上的效果時，他們會給一些病人真正的藥，再給其他病人沒有實際效用的藥（安慰劑），這個程序是必要的，因為我們的期望可以決定治療的結果，我們的病情常常在服用安慰劑之後獲得改善，只因為我們預期那些假的藥可帶來療效。

　　雖然安慰劑效應通常與測試新的抗生素有關，但你的期望卻會每天影響著你。你喜歡可口可樂還是百事可樂？近來在兩種品牌選擇的相關研究中顯示了有趣的發現。因為可口可樂較為普遍，多數人預期可口可樂會比較好喝，在揭露味覺測試（受測對象知道他們喝的是哪個品牌）中也的確發現受測對象比較喜歡可口可樂。但是在盲眼味覺測試中結果就不一樣了，當受測對象不知道他們喝的飲料是哪個品牌時，自身的期望也就消除，結論反而更多人喜歡百事可樂的味道（McClure et al., 2004）。

　　更有趣的發現是這個「百事可樂反論」在患有腹內側前額葉損害的病患身上完全找不到，此部位掌管了大腦情緒控管的功能。患有此類腦部損傷的人即使知道他們喝的是什麼牌子，也仍然喜歡百事可樂的味道，因為他們並沒有因為可口可樂較受歡迎而對此品牌有先入為主的喜好（Koenigs & Tranel, 2008）。

　　當我們大腦呈現健康狀態，高度期待可促進大腦區域中較多跟愉悅相關的神經活動。研究人員在一個實驗中讓受測對象飲用不同標價的葡萄酒，但實際上每個標價的酒類皆相同，但受測對象在喝標價較高的葡萄酒時，眼窩額葉皮質區的神經活動較為活躍，而此大腦區域與愉悅情

緒相連（Plassmanet al., 2008）。人們覺得這瓶酒較好喝，因為他們**單純地相信**這瓶酒的價格較貴，因此期望的影響力極為強大，即使從生理角度都能控制我們的感覺。

高度期待不僅能夠掌控我們的感官認知，也能影響我們的行為。在另一項實驗中，有些人以原價 1.89 美元購買能量飲料，有些人卻以促銷價 0.89 美元買到了同樣的能量飲料。研究人員想要測試當受測對象知道飲料的價格後，是否會影響他們之後的腦力作業，而結果非常令人省思。以原價買到能量飲料的人表現得遠比以促銷價買到飲料的人來得優異，即便兩個群組所買到的飲料完全相同（Shiv, Carmon, & Ariely, 2005）。以原價購買飲料的群組因為對其產品期望有較高的效果，導致他們在腦力作業時表現得比較好，相反地喝到促銷價飲料的群組對此產品的期望較低，導致腦力作業表現得比較差。即使是能量飲料的價錢都能傳達某種預期的效果，間接地支配我們的觀感與行為。

二、為何期望如此具有影響力？

為何期望如此具有影響力？其中一個可能的解釋便是錨點設定。就像我們以錨點為基準，不停地調整答案直到接近合理的估計範圍（如購買我下一本書的機率為 50% ～ 70%），我們也會將心態適時調整至合理的期望範圍內。比如說，當你購買這本書時，不可能完全知道它會有多好，所以會發展出一系列的期望。

假設在你讀此書前，你朋友告訴你這是他讀過最棒的一本書，於是在期望天平高分的那一端設定了錨點，當你讀過此書後，你會以朋友推薦的錨點值為基準向下調整，直到找出符合你原先期望範圍的程度，當然應該會比平均值還要高。另一方面如果一開始接收到的參考值比設定的期望範圍要低，你也許會向上調整，直到你原本期望範圍的最低程度。無論是往哪個方向調整，你的期望，不管高或低，都是一個可以塑造你看法的參考點。

　　如同太過極端的定位值可能導致對比效果，相對地太極端的期望值也會造成反效果。如果你朋友提及此書好到可以激發出一個新的信仰，或是給世界帶來毀滅，這些預設的期望便可能會造成反效果，並搞砸你對此書實際的看法。

　　即便如此，研究仍然顯示傳達高度（且可信的）期望通常會讓對方產生與期望相符的觀點。除了錨點原理之外，還有其他理論也可以解釋為何期望在某些情況這麼具有影響力。

　　有偏差，導致人們會自然傾向找尋符合他們信仰或期待的資訊（Nickerson, 1998）。

　　假設你深信地球暖化，但你試圖要以公正的立場來證實此現象是否真的存在，如果你想要更深入的研究，可能你會求助谷歌大師並搜尋「全球暖化的影響」。糟糕，此舉已證明你陷入了確認偏差的陷阱裡，因為你用的關鍵字已經暗示地球暖化的存在，搜尋出來的大部分結果都是說明地球暖化的影響，更加印證你的理論：地球暖化確實存在。

　　我們會有強烈的慾望想要去證實我們的期望，因為如果得到的訊息與期望相違背會讓我們感到沮喪，如同大多數人，在錄音機中聽到自己的聲音都會稍微抖縮一下，因為裡面傳來的聲音聽起來很陌生，彷彿不像是你熟悉的聲音，但是你不喜歡那個聲音的原因，是因為錄音的設備太差還是因為出來的聲音不如你預期呢？

　　當我們說話的時候，自己大腦所聽到的與其他人所聽到的是不同的聲音。當我們投射自己聲音時，負責聲音的肌肉會將震動傳至脖子直通大腦的聽覺機制，那些內部震動便扭曲了自己的聲音。因為那些震動僅發生於大腦內部，其他人（包括錄音機）聽到的聲音是沒有經過改造的，意謂你真正的外部聲音。時間一久，你逐漸習慣了內部扭曲的聲音，所以當聽到錄音機傳來的真實聲音時，你感到非常陌生，而這樣的反差便是你討厭自己聲音的主要原因。能夠喜歡上你聲音的方法便是熟悉你真實聲音。從事配音工作的人（像是電臺主播）最終都能喜歡上自己的聲音，因為常聽到自己的真實聲音能夠幫助他們產生真實的期望。

那我們又該如何克服這種反差的預期效果呢？其中一個普遍的方法便是**選擇性逃避**：我們可以不去理會那些和期望牴觸的訊息，因為絕大多數的時間，我們的大腦可以是個謎。請大家念出下列句子：

我們的
大腦
可以是個
個謎

再念一次上面那句話，有注意到任何的不尋常嗎？你很有可能沒有留意到在「謎」之前多了一個「個」字。

當我先前提到「我們的大腦可以是個謎」之後，請你讀一段重複的句子時，因為用詞類似，而你可能預期那句話與我原先說的一模一樣。因為你的期望確認了你對後來那句話的內容，於是沒有觀察到那微小的差異性，好讓你可以證實自己的期望，但現在因為你已經意識到多了一個字，那個差異性開始變得很明顯，你甚至開始驚訝為何一開始自己會漏看這麼明顯的錯誤。

◎**自我應驗預言：**所有之前的解釋，無論是錨點效應、確認偏差還是選擇性逃避，客觀的現實都不曾改變，唯一改變的是我們的解讀，但是我們的期望也可以改變周遭的現實。

假設你朋友黛比要為你介紹一位朋友艾蜜莉，在你與艾蜜莉見面前，黛比形容她是一位個性較冷淡孤僻，不是這麼容易親近的人，於是你預期自己可能跟她不是這麼合得來，真正與她碰面後，你發覺一切如你所料，她顯得疏離並且不友善，聊天時也找不到什麼共同話題，當談話終於結束後，你確定之後跟她不會再有聯繫。

但讓我們將時間倒回，如果黛比不將艾蜜莉形容成冷淡不易親近的一個人，假設黛比形容她朋友是一位友善且個性活潑的女孩，這樣的描述會讓你對艾蜜莉有著截然不同的想像。當你滿心期待與她見面時，你

發現她很有趣也很活潑，談話結束後，還真心期望自己會再與她見面。

假設兩種情況下的艾蜜莉都是同一人，那些不同的結果歸咎於你對艾蜜莉的看法，還是因為艾蜜莉與你的實際互動呢？答案很微妙，你對她的看法**還有**艾蜜莉實際的態度都因為你的期望而有所變化。

還記得此章節一開始關於小提琴家的故事嗎？在那個情形下，只有你的看法被影響了，你並沒有與小提琴家相處的機會，所以你的期望並不會影響他或是他的音樂才能。他在捷運站的表現與在高級音樂廳的表現如出一轍，唯一不同的是因為你解讀不同而造成的觀感差異。

但艾蜜莉這個情形就不同了，你**確實**與她相處過，而你**確實**可以影響她對待你的態度與行為，更重要的是，你一開始對待艾蜜莉的態度源於你對她的想像，當黛比向你形容她是冷淡且不易親近的人時，你對於艾蜜莉的看法造成你與她互動時表現負面的態度。如果艾蜜莉是個不友善的人，你為何又要努力去和她保持良好關係呢？所以是**你**，而不是艾蜜莉在最初碰面時表現出敵意。也因為你的負面態度，艾蜜莉也就有了相似的回應（平常人都會有的正常反應）。當艾蜜莉的回應正好呼應你覺得她不易親近的假想時，你便錯誤地認為她確實如你所想，對你來說，你僅是表現出平常的你，都是艾蜜莉的行為有偏差。

從另一個角度去想，當你發現艾蜜莉很有趣且活潑的時候，你迫不及待地想要與她交朋友，當你與她互動時，你表現得很興奮雀躍，因為你預期自己跟她應該合得來，也因為你友善示好，艾蜜莉也會展現正面友好的回應。

前一段敘述可用自我應驗預言來解釋（Rist, 1970）。我們對一個事件的期待常會成真，因為它讓我們表現出特定行為並導致符合我們期望的後果，如同前述艾蜜莉的例子。即使你的預期是假的或不正確的，它們都可以支配你的行為，讓你所預期的結果應驗，正好符合了「自我應驗預言」這個理論。

我們每天都不自覺地被自我應驗預言給影響。試想你在為考試做準備，如果你預期自己會表現不好，可能會順著這個想法，並做出和預期

一致的行為（不用功念書），你心想既然考試成績一定會不及格，為何還要用功念書呢？念書根本就沒用，結果導致考試成績真的很差，但是如果你預期這次考試勢必會表現得很好，你就比較有可能會完成與預期一致的行為，像是多花時間念書，並執行任何會幫助你考試及格的事情（譬如吃得健康或獲得充足的睡眠等等）。

希望我對這本書的高度期望能讓我寫出一本大家都覺得趣味且有豐富資訊的書。當我在寫這本書時，我期望能產出一本好書，當然我自己說的不準，但我可以告訴你的是過去幾個月我每天花將近 15 個小時在寫書，我對此書的期待已經高到為了它辭去顧問的工作，而且每天只吃泡麵，好把所有時間都花在完成這本著作上。如果我對此書不是懷有高度熱忱，我不會榨乾自己，將所有的時間與精力都投入在這上面。

為何我要透露這些讓你知道呢？你現在應該知道答案了吧：當然是為了要傳遞對此書的高度期望啊！

三、說服策略：傳遞高度期望

如果想要目標對某事持有良好觀點的話，你應該傳遞多一點期待，因為那些期待就像鏡頭一樣可以塑造他們的看法，雖然本章節對這個原理已有了充分的說明，但接下來將介紹此說服策略的另一個重點。

◎第一印象：請利用 5 秒鐘回答以下方程式的答案：

$$1 \times 2 \times 3 \times 4 \times 5 \times 6 \times 7 \times 8$$

現在你有了答案，你覺得如果我請你計算下列另一個方程式的話，你的答案是否會有所不同：

$$8 \times 7 \times 6 \times 5 \times 4 \times 3 \times 2 \times 1$$

以上兩個算式基本上都相同，唯一不同的是數字出現的順序，因為兩個算式會產生相同的結果，可以保守假設你的答案都一樣，對嗎？恰好相反。研究結果顯示如果我要你估算第二個方程式而非第一個的話，

你的答案會非常不同。

Amos Tversky 與 Daniel Kahneman 於 1973 年進行這項研究時發現，被分配到解答第一個算式的受測對象，他們的估計中間值為 512，而被分配到第二個算式的群組所得出的估計中間值為 2,250。

依照邏輯與合理度，兩個群組的答案應該是相同的，然而造成答案差距甚多的原因為何呢？可以用初始效果來解釋，也就是較早呈現的訊息會比較晚看到的訊息還要有更大的影響力（Murdock, 1962）。你也可以將較早出現的數字看做是一種參考值，順序較前面的數字就像是一個錨點（順序由高至低或由低至高），造成了人們估計總值的差異。

欲了解這和人們的期望有何相關，試想在一個實驗中，有兩個群組被告知他們即將要與另一個人會面。第一個群組得到的資訊為這個人的個性「聰明、勤勞、衝動、挑剔、固執且善忌」，而另一個群組得到的資訊內容相同但順序相反（善忌、固執、挑剔、衝動、勤勞且聰明），所以兩個群組收到的內容一模一樣，唯一的差異是第一個群組先接收到正面的性格，第二組先接收到較負面的性格。

現在你已明白初始效果的運作原則，應該可以猜到上述實驗結果為何。較先接觸到正面性格的群組對於即將要會面的人產生較佳的印象（Asch, 1946），也就是說這些較早出現的性格提示已塑造了受測對象的期望，一旦他們已發展出初始的好印象，對於之後接收到的訊息便不再理會，因為他們認為一開始的初始印象已經足夠做為判斷的條件。

這個結論的實用心得為何？第一印象絕對是關鍵。人們對於你初始訊息的印象會影響他們對之後訊息的看法，為了加強你的說服力，你必須要在第一時間就建立強而有力的形象，來為接下來的訊息傳達高度期待，如同你即將於第 11 章所學到的，如果要呈現數個不同形式的理由，排列順序是很重要的，就像你在學校寫論文或是企劃提案一樣。

四、催眠師的觀點：
為什麼高度期待可以使對方容易被催眠

除了有讀心術這項技能之外，我還精通催眠術，但是我不想純粹為了娛樂表演催眠，因為我並不想玷汙大家對催眠的看法。雖然催眠的確具有娛樂效果，但人們通常對此領域有錯誤的想法，因為他們只從娛樂的角度去看待它。在現實生活中，催眠術其實是一項很有效的臨床技術，可以治癒許多症狀與惡習（常見的是戒菸與減重）。

儘管如此，關於催眠有一個有趣的事實便是期待是決定一個人能否被催眠的重要因素。要明白這個道理，你們必須要先知道幾乎沒有人不能被催眠，更重要的是研究發現，**容易**被催眠的人很少有特定的類型，換句話說能輕易被催眠的人，性格特質很廣泛，並不一定侷限於**單一**類型的人。

進一步來說，**能夠決定**自己是否被催眠的少數因素中，都是可以操控在自己手裡。比如說，如果對方**預期**自己即將被催眠，或是相信他們是容易被催眠的類型，他們就比一般人容易被催眠（Gandhi & Oakley, 2005）。所以要成功地將別人催眠，你必須讓他們相信你**可以**催眠他們。

我至今仍然記得第一個我試圖要催眠的人。我朋友當時極度想要戒菸，我也真的很想幫助他。那時我已在研究催眠術，於是我決定將學到的知識學以致用，雖然我內心對催眠的功效半信半疑（其實我根本不覺得催眠有用），但我認為還是應該要對這個技術抱持信心，並傳達適度期望。

當時我並沒有將這個質疑說出口，而是裝作很有自信地對我朋友說這個方法一定有用，我朋友看到了我對催眠的信心與保證，也進而對我的催眠能力更加信任，因為他對我能力的高度期望，我方能夠將他引導至最深層的催眠，當時花了 10 分鐘，並在過程中給予他一些關於戒菸有效的建議後，我指引他從催眠中醒過來後，至今他的菸癮沒有再犯過。

　　從那時開始，我開始會傳遞給所有我要催眠的人同樣的期待，直到現在還是。如果我要催眠一位我才剛認識的人，在和他聊天 5 ～ 10 分鐘後，我會跟他說：「我覺得很奇妙，因為你看起來像是個非常容易被催眠的人，而且隨時可以進入到深層催眠，這是一個很好的特質。」因為很多人都會質疑自己是否可以被催眠（通常會被舞臺上的表演效果給影響），聽到我那樣說很多人都會卸下心防，並且加深他們是可以被催眠的想法，對我來說便很容易將他們引導至深層催眠的狀態。

　　雖然我的催眠術主要都是從閱讀學術研究習得，我還是建議想要學習這門技術的朋友透過正當的訓練。現在全球都有提供催眠治療訓練，也許你家附近就有一間訓練機構，催眠術是一項很棒的專業技術，但因為其影響力非常強大，我會建議還是要透過專業的訓練比較妥當。

五、現實生活應用：家族旅行（Part 1）

　　在每個 METHODS 步驟的最後，我都會提供一則「現實生活應用」來示範你如何在日常生活中學以致用前述所介紹的技巧。在第一個示範的例子中，你想要在幾個月後安排一個家族旅行，即使你知道家裡有足夠的存款，但肯定會在省吃儉用的老公那一關踢到鐵板，所以你決定施展一些方法來說服你老公能夠花點時間考慮一下。

　　考慮到你的 7 歲女兒，麥肯琪，你決定安排去迪士尼樂園短期旅行，不但可以帶給她美好的回憶，與其他國家相比也比較划算，為了要讓你老公對你的提議抱持開明的態度，你準備了兩個選項並計畫設定一個錨點給你老公：（一）、環遊世界的昂貴旅程，（二）、你已決定好的迪士尼樂園行程。

　　你曉得斤斤計較的老公絕對不會答應第一個選擇，於是你決定設定一個超高標準的參考值，並以此選項為誘餌。當你告訴他第二個選項的時候（迪士尼樂園），基於對比效果你的老公應該會覺得這個選項更為划算，因為他心中的參考值已被訂得非常高。

有一天他下班回家，你開始執行計畫，但在說出提議之前，因為你希望將情勢轉為對你有利，於是你提及以前怎麼樣也不肯吃蔬菜的麥肯琪，現在開始吃蔬菜了，你希望將麥肯琪開始接受新事物的這個想法，也移植到你老公心中，所以他也可以暫時地抱持開放的心態。

　　當你將話題轉移到安排家族旅行時（如「既然提到麥肯琪……」），你一開始提議所費不貲的環遊世界選項，當然如你預期地，馬上就被他否決了。就在他對第一個提議已有了高價格的參考值時，你接著提議去迪士尼樂園的第二個選項，他露出凝重的神情後，回答他目前對第二個提議保持中立態度，並需要時間考慮。

　　可惡！這不是你預期的回覆，但別擔心，本書後面還有許多其他的說服術，讓你可以打破你老公固執的想法，我們之後會再回到這個模擬情景，我會說明還有哪些招數可以讓你老公乖乖就範。

第2步 | 引導一致態度

請求之前	第 **1** 步	**M**	塑造對方看法 Mold Their Perception
	第 **2** 步	**E**	引導一致態度 Elicit Congruent Attitudes
	第 **3** 步	**T**	觸發社會壓力 Trigger Social Pressure
	第 **4** 步	**H**	讓對方習慣訊息 Habituate Your Message
請求之際	第 **5** 步	**O**	優化訊息內容 Optimize Your Message
	第 **6** 步	**D**	提高對方動力 Drive Their Momentum
請求之後	第 **7** 步	**S**	維持對方順從性 Sustain Their Compliance

概要 | 引導一致態度

我在引言曾經提到過，其中一個出書的目的便是要讓此書成為你收藏中最精彩的一本，雖然只是簡單一句話，但卻隱藏了幾個具有影響力的心理學原理：

>> 首先這句話誘發了讀者對於突出與精彩的想法，讓你更有可能採取相關的行動（第 1 章：設定對方心態）

>> 當我提到此書會是你最精彩的一本的時候，就是在傳遞高度期望（第 3 章：傳遞高度期望），在你滿懷期待時，便有可能順著自我應驗預言，詳細閱讀並真心認為這本書特別地好看。當然如果你沒有太注意那句話，那也是徒勞無功，但我確定大多數人還是會很仔細閱讀這本書。

但是提醒讀者這本書的精采可期還有一個很重要的優點，這個優點也就是 METHODS 第二步的核心：

>> 當你發覺自己比平常更詳細閱讀這本書的話，你心裡會開始產生一致的態度，並認為它的資訊很豐富且對你幫助很大。

「同等」這個詞基本上就是指「一致」。如果你的目標做出特定的行為（例如仔細閱讀），他會有壓力必須要持有與行為「同等」的態度。譬如說，如果他發現自己閱讀這本書特別用心的話，那麼他會斷定自己一定是非常喜歡這本書。

這個道理就是 METHODS 第二步的主要原則。因為人們自然的天性希望自己的行為與態度皆為一致，你便可以藉由改變對方的肢體動作或是行為來誘導出對你局勢有利的同等態度。接下來兩篇章節將會進一步說明為何這個原理具有這麼大的影響力，以及你可以如何應用在日常生活中。

第4章：掌控肢體語言 OK

當你在讀這篇引言文的時候，請放一支筆到嘴裡，並用牙齒咬住，一直咬住直到下一個段落，我之後會說明這個請求的原因。

肢體語言是個熱門議題，隨便走進一家書店應該可以看到成堆相關的書籍教你如何用肢體語言破解對方在想什麼。不過很多內容都不正確且容易誤導別人，因為它們都是基於直覺，而非依據可靠的研究。難道說肢體語言的研究注定已走到盡頭了嗎？當然不是，雖然這門領域在某些方面有點偽科學，但還是有些許可靠的實證來支持驚人的發現，因此本章節所有的原理都是根據可信的研究結論所得出。

特別的是本章節將重點放在過去 10 年吸引了許多研究學者注意的一個議題：體現認知，體現認知可以解釋以下情形：

>> 一位應徵工作的申請者，如果他將履歷表夾在比較重的筆記板上的話，會比履歷表夾在較輕的筆記板上有較高的機會獲得錄用（Jostmann, Lakens, & Schubert, 2009）。

>> 寫下關於自己負面的評語會降低你的自尊心，但只限於你慣用的那隻手寫下來的時候（Briñol & Petty, 2008）。

>> 將自己手肘放置於桌面上的人，比將手肘擺在桌面下的人吃較多餅乾（Förster, 2003）。

體現認知原理堅稱一個人的身心為一體，我們通常以為是心在影響身體，但其實也適用於相反方向，也就是說你的身體與行動也可以支配你的思想、感覺、態度及其他許多認知機制。

長時間以來，我們會將特定的行為與心態做聯想，這些關聯性非常強烈，強烈到單純的肢體動作與姿勢都能誘發相對的認知心態（Niedenthal et al., 2005）。比如說握拳的動作讓人隨即聯想到懷有敵意，那些在實驗中被下意識引導做出握拳動作（利用猜拳遊戲作為偽裝）的人，在一個看似不相關的問卷當中給自己評分個性較為固執己見（Schubert & Koole, 2009）。

現在你對體現認知多少有些「領悟」，下述三個情形現在看來應該更為合理：

>> 人們總是會錯將重量與價值聯想在一起，所以即使只是因為筆記板重量的關係，但如果履歷表較重，似乎就感覺比較重要，不只是因為人們都會荒謬地相信這樣就表示裡面含有更多資料，而且還會被一個常見的比喻給誤導，認為重要的事情通常都「很有份量」。

>> 為何用慣用那一隻手寫下關於自己的負面評價才會降低自尊心呢？當你用非慣用的那隻手寫下負面評語時，因為對自己的寫字能力感到沒有自信，於是降低自尊心的效用便消失，你錯誤地將對於寫字能力的自信缺乏歸咎於是因為對負面想法的準確性感到懷疑的緣故。

>> 當我們將手肘抬高放於桌面時，手臂會順勢往內彎，這與我們將東西拿到身邊的動作相似。所以當將手肘抬高的時候，我們自然會吃比較多的餅乾，而當我們想拒絕某些東西做出往外推的動作時，會將手肘朝下，於是吃得比較少。

你將會於此章節發現，體現認知是一個有趣的現象，並且充滿很多潛在的可能。

那些牙齒還在咬著筆的讀者，你們可以把筆放下來了。我為什麼要叫你們那樣子做呢？因為牙齒咬著筆的姿勢，正好也是你滿面笑容的姿勢（Strack, Martin, & Stepper, 1988）。現在你的心情應該會比一開始讀介紹文好，接下來我會說明這是為什麼。

一、為何體現認知如此具有影響力？

還是對體現認知存有懷疑嗎？容我再提供一些可以解釋此現象的心理學原理。

（一）、臉部回饋假說：記得我請你們在讀開頭的介紹文時，同時用牙齒咬著筆嗎？研究人員在一個實驗中請受測對象邊觀看卡通邊放支筆在嘴裡，其中一組被要求用牙齒咬著筆，另一組被要求只是用嘴唇抵著筆。實驗之後發現用牙齒咬著筆（迫使做出微笑的表情）的群組比起

用嘴唇抿著筆的群組（不會做出微笑的表情）更覺得先前播放的卡通特別好看（Strack, Martin, & Stepper, 1988）。

要解釋這個現象，也就是所謂的**臉部回饋假說**，Robert Zajonc 提出了**情緒的血管理論**，意指我們的肢體語言可以激發生理機制，並且影響我們的情緒及訊息解讀。當查瓊克與研究同事於 1989 年的實驗中詢問德國受測學生重複特定母音（i, e, o, a, u, ah, ü）時，發現他們在重複 e 與 ah（必須要做出微笑的嘴型）的時候，前額溫度顯示較低，那些微笑的表情讓學生們的動脈血管溫度較冷卻，大腦溫度亦隨之降低並反映出較愉悅的情緒。相反地，當他們重複 u 與 ü 的時候，因為發音迫使學生要皺眉，因此降低了血液流動但增加大腦溫度，讓學生們的情緒也變得沮喪。僅僅是一個微笑的表情便可以觸發生理反應，並且引發與微笑相連的態度與情緒。

即使特定肢體動作不會直接觸動生理反應來改變情緒（微笑降低體溫，間接讓心情變好），但基於自我知覺理論，仍然可以影響我們的認知系統。

（二）、自我知覺理論： 自我知覺理論主張人們時常觀察自己的行為來判斷所持態度為何（Bem, 1972）。當我們不確定對某件事的態度時，我們會觀察自己的動作或肢體語言來做推測。比如說，當人們在看明星的照片時，如果被要求要以皺眉的表情瀏覽這些照片，他們會覺得這些明星不是這麼有名，因為皺眉頭的動作與花費精神思考的動作相似（Strack & Neumann, 2000）。當他們皺著眉頭時，會從面部表情判定，自己好像需要多用些腦筋去搞清楚那些人是誰，導致他們覺得那些明星的知名度不是這麼高。

如果我們的態度與肢體語言有任何不一致，我們通常會相信後者。在 60 年代有一個精心設計的實驗（Valins, 1967），一位研究學者讓一群男性受測對象瀏覽性感照片，並告知在實驗過程中會測量他們的心跳聲，同時受測對象自己也可以聽得到自己的心跳聲，但是受測對象之後也被告知那些所謂的心跳聲是因為設備簡陋，所以不須理會（你們應該

明白那項研究是 1967 年進行的，所以技術可能沒那麼先進）。

　　研究人員給受測對象看了 10 張《花花公子》雜誌裡的女性模特兒照片，他們可以聽到自己的「心跳聲」從第 5 張照片開始升高（事實上所謂的心跳聲是捏造的，並由研究人員控制）。此實驗得出驚人的結論：當受測對象以為自己的心跳隨之加快時，會覺得雜誌裡的女性更漂亮。這個想法的影響力強大到甚至在實驗的兩個月後，那些男性受測對象仍然選擇同樣的照片。因此即使生理的反應不準確（甚至是偽裝的），我們仍然相信身體的反應，並且產生與其一致的態度。你將會於下一篇學到，自我應驗預言在行為影響方面也占有一席之地（不僅是針對肢體語言）。

二、說服策略：掌控肢體語言

　　因為我們傾向於將特定肢體語言與態度做連結（如點頭通常表示開明態度），如果讓目標做出某個肢體動作，便可以讓他產生有利於說服的態度。接下來我將列出一些可能對你有幫助的肢體動作，並且如何使用一些小技巧來引導目標執行這些動作。

　　（一）、**點頭：**除了少數國家（部分印度及非洲地區），點頭的動作普遍代表同意。當人們在談話時，時常會以點頭來表示對對方說的話有興趣，同時這也是一個非語言的動作示意對方繼續說下去，因為這樣強烈的連結，讓你的目標做出點頭的動作便可以鼓勵他們打開心房並且抱持著開放的態度。

　　為了證實這個說法，Wells 和 Petty 於 1980 年的實驗中給了受測學生一付耳機，並請他們聽廣播。他們希望學生能協助測試耳機的品質，並以點頭或搖頭來做為回答。研究人員發現，與搖頭的學生相比，點頭的學生們對他們在廣播裡所聽到的訊息有較正面的感想，基於點頭的動作與贊同心態的強烈關聯，在提出請求前讓對方做出點頭的動作更容易激起目標認可的態度。

　　那要如何使目標點頭呢？很幸運地，點頭是一個很容易以非語言暗示便能引導的動作，當你和對方進行對談時，可以暫停或是稍微挑眉來暗示你需要對方認同你的觀點，如此便可以引導對方做出點頭的動作。

　　在你即將要提出請求前，應該要給對方一些非語言暗示，引導他們做出點頭的動作並認同你，如此一來對方不僅會因為體現認知而在心態上變得更有彈性，頻繁的點頭次數也可以激發目標的慣性，如果能在說出你的請求前讓目標數次做出點頭的動作，她較有可能會抱持與點頭一致的贊同態度，並答應你的請求（下篇章節將會說明此概念背後的心理學原理）。

　　（二）、挺起胸膛：你是一位店員，糟糕！此時有一名搶匪衝進店裡，並拿著槍指著你，你的第一個反應是什麼？大多數人的立即反應都是馬上舉起雙手，手掌朝外吧。當人們想要表示他們抱持開放態度且沒有任何隱藏的時候，通常都會將手掌朝外，舉起雙臂並挺起胸膛。

　　相反地，當人們對事情持封閉態度時，通常會將手臂交叉，或是放一個物品在前面擋住胸膛，雙臂交叉擋住胸口是一種防禦心重或是封閉的象徵，以防止新訊息滲透至他們的思想或態度。

　　如果你有留意當年尼克森總統在水門案為自己辯護的記者會影片時，當他說完：「我不是騙子，我所得到的一切都是我應得的。」那句話之後，他馬上從演講臺退後幾步，並將雙臂交叉至胸前，彷彿話題就此結束，不允許其他人有反駁或質疑的機會。讓我想起小時候有一個小孩在辱罵完他的同學後，馬上把耳朵摀住，好像這樣就可以阻止他朋友的「反擊」。

　　因為我們通常將雙臂交叉解讀為防禦心強，而這個姿勢也會激發不輕易屈服的態度（Bull, 1987）。事實上，在實驗中被引導做出雙臂交叉動作的受測對象能答對更多拼字遊戲，因為此肢體動作可以激發出不認輸的一面（Friedman & Elliot, 2008）。雖然固執的個性似乎是個正面的特點，但是卻會大幅減低你獲得對方服從的可能性，因為你比較無法改變他們的心意。

與其和對方的固執相抗衡，不如等到他們的肢體動作恢復到適合你說服的狀態後再來行動，因為挺出胸膛（雙臂沒有交叉也沒有抱住物品）可以激發較開明的態度，那樣的身體語言比較能夠增強你的說服力，不要在目標持有物品的時候提出你的請求（傳手機簡訊時），你應該要等到她的雙手與胸前都是空無一物（雙臂沒有交叉於胸前）的時候再提出來。

　　（三）、姿勢：最後一點是觀察說服目標的姿勢來判斷何時對你最有利，因為那也是另一種肢體語言。雖然不見得與開明態度有關連，但的確是有幾種心態與特定姿勢相關，並能加強說服力。

　　或許與姿勢最有緊密關聯的便是自尊。每當我們小有成就或是驕傲的時候，會擺出一種高姿態，但是當我們感到緊張或是沒有安全感時，則會有氣勢消沈的姿勢，研究也顯示這些不同的姿勢可以激發出同等的心態。在一個相關實驗中，研究學者 Stepper 與 Strack 於 1993 年測試實驗對象對於他們考試表現的滿意度，他們刻意安排實驗室裡的座位，讓某些人以直挺的姿勢坐著，另一群人則是以畏縮的姿勢坐著接受考試。結果顯示當受測對象知道他們的成績以後，坐得比較直挺的人比需要縮著身體寫考試的人還要更滿意自己的成績。

　　除了與自尊有關之外，姿勢也和權力有強烈聯繫。如果你對撲克牌遊戲 21 點熟悉的話，可能就會知道已經拿到 16 點的人會不確定自己應該就此打住，還是再要一張牌，但希望不要超過 21 點。姿勢與權力的關係可以解釋為什麼身體姿勢較開闊的人較有可能再拿下一張牌（Huang et al., 2011），因為這個姿勢激發了與權力一致的態度，並無意識地加深人們願意冒險的可能性。

　　每當你感到緊張或是沒安全感時，你可以改變你的姿勢來減緩那些情緒，如果你坐直並讓身體呈開放狀態，便可以激發一致的態度像是自信心並且克服你的緊張感。

　　總結來說，我們時常藉由外在的肢體語言來判斷自己的內在態度，如果想要植入期望態度到你目標心中，只需要讓他做出與期望態度相關

的肢體動作就好，一旦你的目標呈現那樣的身體姿勢，你便可以激發出與其「同等」的態度。

　　雖然本章節的資訊很有影響力，但老實說它們也沒**那麼**實用，即使如此我仍想要保留這個章節，好讓你們對自我知覺理論有點概念，因為下一個章節會說明更多更實用的延伸應用。特別是我會解釋為什麼不僅是肢體語言，還有實際行為也能激發一致態度。你會學到為何我們這麼極力於維持與行為一致的態度，以及你可以如何利用人們這種天性來加強說服效果。

第5章：創造一致行為 OK

"I don't sing because I'm happy. I'm happy because I sing."
—William James, renowned psychologist

「我不是因為快樂才唱歌，我之所以快樂是因為我唱歌。」——著名心理學家 威廉詹姆斯

恭喜你！你剛被選中參與一項非常刺激的實驗。

你的任務是什麼呢？首先你有半個小時將 12 個小木製圓錐放到托盤上。你可能幾秒鐘就能完成這個動作，不過別擔心，一旦結束後，還要將托盤清空，並且在接下來 30 分鐘不停反覆這個過程。

如果你嫌第一個任務不夠刺激的話，第二個任務更好玩！當你半個小時不停地裝滿、清空、再裝滿那個托盤之後，我們會再給你一塊板子上面擺滿 48 個正方形體積木，你第二個任務是什麼呢？你要將每塊積木轉 45 度角，一次轉一個，然後持續重複這個動作連續 30 分鐘。能參與這個實驗實在是太令人興奮了對吧？

雖然少數人可能很享受那些任務，但可以安全假設有 99.99% 的人會覺得那些事情無聊透頂。問大家一個問題，如果研究人員要求你們說服新進受試者那些實驗非常好玩呢？如果他們願意付錢請你協助這樣說呢？假設他們付你 1 美元或 20 美元要你說服新人那些實驗好玩又刺激，你認為自己對那些任務的態度會因為有獎賞可拿而改變嗎？如果是的話，你覺得自己的態度會變成怎麼樣呢？

在實際的試驗中，收到 1 美元作為獎賞的受試者在說服別人的過程中，的確開始覺得實驗較好玩（與收到 20 美元作為獎賞的對象相比）（Festinger & Carlsmith, 1959）。結果怎麼會這樣呢？以常理推斷收到的報酬越高，應該會產生較劇烈的態度轉變，但為什麼收到 1 美元反而比收到 20 美元導致更好的態度回應呢？此章節將會說明其背後有趣的原理，以及如何運用在說服術上面。

一、一致性的影響力

讓我們花點時間回到過去。在 1954 年，有一個新興崛起的宗教狂

熱團體，此團體的首領預言在 12 月 21 日將有一場大規模的洪水浩劫，並會摧毀整個地球，幸運的是，身為地球唯一的傳達者，她已經收到消息將會有飛碟在洪水發生的前一晚將組織裡所有成員載走免於倖難，真是好險！

當 12 月 21 日來臨卻沒有發生洪水浩劫，你覺得宗教團體裡的成員作何感想？直到今日大部分人會覺得，一旦那些成員發現預言是錯的，可能就會承認他們對於世界末日的信仰也是錯的。但他們真的這樣想嗎？並沒有，他們的作法正好相反。洪水並沒有如預言發生，當面對殘酷的事實時，宗教團體的首領僅只是改了洪水發生的日期，而成員也**更加**投入他們的信仰，令人驚訝的是他們對於洪水浩劫的信念比之前**更為強烈**。

那些在等待飛碟拯救他們的宗教成員所不知道的是，著名的社會心理學家 Leon Festinger，已經與他的同事滲透到那個組織，並且假裝是其組織的追隨者，好就近觀察那些成員的行為（很投入的一群學者，對吧？）。在見證了成員對於世界末日的信仰並沒有因為洪水沒有來臨而消退。於是 Festinger 發展出一個重要的結論：人們對於維持身心一致有著強烈的心理需求。

這樣的結論可以解釋為何身體語言可以激發同等的態度。如果我們展現特定肢體語言（如點頭），而這個動作與我們內心想法不一致的話（內心不認同），我們會感到不舒服，也稱作認知失調，並想要消除這種不舒服感，但要如何做到呢？通常解決的方法便是改變我們的態度，使其與我們的行為相符（像是從原先不認同的態度改為認同，如此便符合點頭的肢體語言）。

此章節擴展這個知識並進一步說明這個理論不僅適用於肢體語言，也會發生在我們行為上。如果你開始每天觀察自己的行為，很快地你會注意到我們時常被認知失調所影響，每當我們的動作與心中想法不一致時，會感到不舒服並試圖用以下方法消除這種感覺：

>> 你最近開始節食，但是又拼命吃蛋糕，於是你為自己的行為辯護，提醒自己因為這是朋友的生日，所以不吃蛋糕的話，會顯得很「失禮」。

>> 你知道偷竊的行為很不應該，但同時卻不正當地下載音樂，於是你告訴自己「反正大家都這樣做」來合理化自己的行為。

>> 你覺得自己算是用功的大學學生，但卻跟朋友出去玩而不為考試做準備，於是你說服自己已經快畢業了，要趕快享受大學生活。

下次你的行為與你的態度不一致的時候，可以留意自己腦袋中那個試圖將行為合理化的小小聲音，那個聲音正代表你試圖消除認知失調。

二、為何（不）一致性如此具有影響力？

前面文章的重點是每當我們的想法與行為不相符的時候，我們便積極地想要消除這樣的不一致性。接下來會說明為何會有這樣的情形，以及為何我們的行為還有肢體語言可以激發我們產生同步態度來消除兩者的不一致。

為何那些宗教組織的成員對於是否持續相信世界末日有那麼大的壓力呢？你可以從潛藏的原因開始推斷，在飛碟沒有如預期到來之前，他們的反應為何。當這些成員一開始發現世界不久之後要毀滅時，許多人開始做出與他們信仰一致的表現（離職或是拍賣財產等）。

12月21日那天當他們意識到飛碟並沒有如預期來臨時，他們開始質疑自己的信念，但是若要接受世界並不會終結又與他們所展現出來的行為背道而馳，於是為了克服那樣的不協調與不舒服感，他們必須要做些什麼，既然已經無法改變過去的行為，他們只能改變一件事：本身的態度。當發現到飛碟並沒有來的時候，多數成員更加深了對世界末日的信念，如此便可以合理化他們原本的行為。

當那些臥底研究人員親眼見到這個驚人的結果時，為了測試這個理論，他們進行了本章節剛開始提到的實驗（Festinger & Carlsmith, 1959）。他們付錢給已經參與過實驗的人1美元或20美元，請他們告

訴接下來要參與的受測對象這個實驗有多好玩，所以這些人即將要執行的行為與內心的真正想法互相違背。

這群研究者想要測試這些不一致性會如何影響受測對象對於實驗真正的看法，而結果完全顛覆了他們對人類行為原本的主張。在那個時期，心理學家相信優渥的獎賞可以產生更顯著的態度轉變，但是 Festinger 及 Carlsmith 的實驗卻挑戰了這個主張，並發現其實微薄的獎賞才能帶來最大的態度轉變。

現在你對認知失調有進一步的了解，應該可以猜到為何拿到 1 美元的受試者會對實驗產生正面的評價。當人們被要求欺騙其他人實驗其實很有趣的時候，這樣的行為已經與原來的感受相牴觸，於是開始體驗到一種失調的感覺並試圖消除這種不舒服感，消除的方法為何呢？如同前面提到的宗教團體，收到報酬的受試者同樣無法改變他們的行為（參與實驗這件事），唯一能被改變的只有對於實驗的看法。

獲得 1 元美元報酬的人為了重新找回一致性並消除不舒服感，於是說服自己對實驗抱持正面的看法，如果他們轉而改變自己的態度，告訴其他人實驗真的很「有趣」的時候，外在行為和內心看法便達到一致。

等一等！那麼拿到 20 美元的那些人呢？欺騙其他人並可獲得 20 美元作為獎賞的受測對象事實上並沒有對實驗產生任何正面的看法，怎麼會這樣？！為什麼收到 1 美元的群組到後來可以說服自己實驗真的很有趣，反觀收到 20 美元的群組卻仍然覺得實驗沉悶無聊呢？

這樣的差異是因為獲得 20 美元的人很容易找到理由解釋為何他們的行為與想法不一致（因為高報酬的緣故），所以這個群組不會感受到太顯著的不舒服感，因為他們可以很輕易地將表裡不一的行為歸咎於高額補償。相反地，獲得 1 美元的人們因為獲得的補償較少，並不足當作表裡不一行為的藉口，於是不舒服的感受更強烈，也有更強烈的需要來解決這種不適感。

重點歸納如下。每當我們的想法與行為互相牴觸時，我們會感覺到一種不適感，稱之為認知失調，並且試圖想要消除。當造成這種不適感

的理由很薄弱時（微薄的報酬），想要消除這種感覺的慾望就更強烈，但如果造成不適感的理由很充分（高額的報酬），就沒有非要改變我們想法來與外在行為一致的壓力。

　　這個概念不僅與獎勵多寡有關聯，懲罰與威脅對方做出特定行為同樣也不會導致他們產生同步態度。在另一個經典的實驗中，Aronson 與 Carlsmith 於 1963 年告訴受測孩童他們不能玩自己喜歡的玩具，其中一些小孩被告知如果違背他們的話，將會受到很嚴厲的懲罰（研究員會說：「我會非常生氣，並且會打包我的玩具然後回家。」）。但另一群孩子則被告知他們只會受到輕微的懲罰（研究員只會說：「我會覺得很煩。」）。雖然兩種情況下的受測者都遵從了研究人員的指示沒有玩玩具，但你覺得下次受測者如果遇到相同情況，但是在完全沒有懲罰的前提下，看到他們喜歡的玩具會有什麼反應？

　　你猜得沒錯，在實驗中只受到輕微威脅的受測孩童們如果再看到喜歡的玩具，還是不會去玩，這是為什麼呢？因為原先的威脅輕微到無法充分解釋他們不一致的態度與行為（有一個喜愛的玩具擺在面前卻不去拿來玩），於是為了消除這種不和諧感，這些孩童便自我安慰反正他們也不喜歡那些玩具。所以之後即使在毫無懲罰狀況下，他們也不願意去玩，因為他們真心覺得自己並不喜歡那些玩具。而另一方面，以嚴厲的懲罰作為警告的孩童有很明顯的理由將自己不一致的行為（喜歡玩具卻不能拿來玩）合理化，對這些孩童們來說，他們不玩玩具是因為懼怕嚴厲的懲罰，而非不喜歡那些玩具。因此當他們再度看到自己喜愛的玩具時，比較傾向會去拿來玩，因為他們從未產生討厭那些玩具的想法。

　　研究者會將這種情況稱為「不充分的辯證」（Shultz & Lepper, 1996）。要使他人產生同步態度，無論是在肢體語言或行為方面，都得讓他們相信自己是自願做出那些行為，而不是被某種外在的獎勵或威脅所引導。而過度的辯證反而無法使人們感受認知失調，因為可以很輕易地將態度與行為的不一致歸因於那個理由。請記住這個概念，因為在第 12 章介紹動機的時候會再度提到。

三、說服策略：創造一致行為

主要的說服策略非常簡單（影響力也非常強大）。如果想要別人產生你期望的態度，必須要讓他們做出與期望態度一致的行為，當他們完成那個行為時，便會傾向將態度轉換成和行為同步，接下來將說明幾個運用此概念的實際策略。

（**一**）、**得寸進尺法：**由 Robert Cialdini 於 2001 年所提出的得寸進尺法可謂一個具有強大威力的說服技巧，當你想要對方答應一個難度較大的請求時，可以讓他們先答應一個較簡單的請求。

因為先提出較小的要求比較能讓對方接受，一旦對方答應了之後會產生同步態度，讓他們覺得自己很樂於助人，接著如果提出難度較大的請求時，對方較有可能答應，因為他們會有壓力要維持一致的態度，不答應之後較大的請求會顯得他們的行為與新的態度不一致，為了要避免這種不舒服感，多數人通常會選擇進而遵從之後的要求。

最初測試這個理論的經典研究可以幫助大家更能夠理解 (Freedman & Fraser, 1966)。以志工做為偽裝，兩位研究人員試圖要讓受測家庭同意一個很為難的請求：在他們的前院設置一個又大又醜警告標誌，上面寫著「小心駕駛」。當研究人員直接提出這個請求時，僅有 17% 的家庭答應這個請求。如果大多數人都立即拒絕這類奇怪又麻煩的請求，研究人員又是如何讓另一個群組的 76% 家庭接受這個請求呢？

就在研究員提出要設置大標誌的數週前，他們先提出了一個較小的要求：設置一個才三吋大的標誌，上面寫著「請成為安全駕駛」，幾乎所有人都答應了這項請求；再過幾週後，研究者提出的較大請求且多數家庭也進而答應。因為一開始答應研究者的較小要求，讓受測對象覺得自己是注重安全駕駛的人，因此提出要設置較大標誌的請求後，那些人開始有壓力必須要接受來維持自我形象。

難道「注重安全駕駛」是受測對象在答應較小請求後衍生的唯一想法嗎？如果研究人員最初提出的簡單請求與安全駕駛無關呢？實驗證明即使是不相關的小請求，都能帶來之後的順從。在前述實驗中，研究人

員請某些受測家庭簽署有關環境保護的請願書，或是答應讓他們設置一個寫著「維護美麗加州」的小告示牌。雖然研究人員在提出同樣議題的兩個大小請求後（大小告示牌皆為安全駕駛相關），得到了最多家庭服從（76%），但在提出兩個議題不同的請求實驗中，仍然獲得了約 50% 家庭的服從（先是請願書或維護美麗加州小告示牌，接著是提醒安全駕駛的大告示牌）。雖然維護美麗加州告示牌的請求可能不會引發他們注重安全駕駛的想法，但還是可以成功地誘導出共同維護社區或是愛心助人的態度。

（二）、低飛球技巧：除了先讓對方答應較簡單的請求，來增加之後較困難請求被接受的可能性之外，也可以試試先提出一個合理要求，當獲得對方的同意後，再說出他所要付出的真正代價。

飛球技巧心理學是銷售業者為了影響顧客的一個常用推銷手法 (Cialdini, 2001)，大家在買車的時候都有可能曾落入這類陷阱。你以為與車行銷售員談到了一個不錯的價錢，當他走回辦公室準備一些文件時，你開始因為討價還價成功而沾沾自喜，但事實上銷售員在後面的辦公室什麼也沒做，就等著時間慢慢過去，讓你享受一下即將拿到愛車的喜悅。

幾分鐘過去了，銷售員回來並通知你一個不幸的消息：經理並不同意剛才的協議，之前講好的價格現在要增加 500 美元，但是銷售員已用原先的方案抓住你的注意，於是你心底油然而生的慣性迫使你持續考慮代價更高的方案，你想像過擁有新車的感覺，而且實際行動也表示你對那臺車很動心，那位銷售員就像操偶人一般在拉扯你身上認知失調的那條線，將你牽引至接受代價更高的請求。

（三）、態度建議：與其誘導你的目標做出特定行為來引發一致態度，你也可以隱約地暗示你的目標抱持你期望的態度，像是讓他公然地宣稱他現在心情很愉悅，也可以誘發與態度一致的行為。

你該如何引導目標做出那些表示呢？其實比你想像得要容易。每次你遇見別人，第一句話通常都會問：「你好嗎？」，而 100 次中有 99 次對方總是會回答：「很好。」或是「不錯啊。」，這個回覆已經是預

期的標準答案了，即使有些人可能正遭逢人生的低潮，但都還是離不開這些答案。

　　雖然只是個單純的回答，但是公然宣稱自己持有「好」心情可能會激發一致的行為，一旦讓大家知道你自己狀態「良好」，你便想要維護那樣的正面形象，像是答應某些請求。

　　我知道大家此刻心裡在想什麼（別忘了我會讀心術）。你鐵定在想人們總是習慣於回覆「我很好」或是「還不錯」，所以已經失去了真正的意義，這些制式化的答案應該無法強烈到可以真的改變我們的態度，更不用說還會改變我們的行為，甚至是服從別人的請求了，雖然你這麼想，但研究得出的結果卻非你所猜想。在一個相關研究中，Daniel Howard（1990）致電給德州居民詢問飢餓救濟委員會的代表可否去拜訪他們並兜售愛心餅乾。只有被問及此問題的居民中，有 18% 同意這個要求；但有另一部分居民先被問道：「你今晚心情如何？」且有回答「很好」及「不錯」的人當中，同意讓代表去家裡拜訪的百分比增加了約有兩倍，也就是 32%。第二組受測居民因為想要維持原先表示的正面態度，於是傾向答應請求。這個實驗的重點是：下次如果有警察在路上將你攔下來的話，記得先問他們今天過得還順利嗎？

四、現實生活應用：
如何從 YouTube 影片中的描述來增加瀏覽數

　　要了解如何實際運用自我知覺理論、認知失調及態度一致，可以參考我在 YouTube 關於讀心術的影片描述，我目前使用的描述（2013 年 9 月）大致如下：

[上方為影片]

想不想知道我的祕密……
我研究出一套方法可以潛意識影響別人的想法，想知道我怎麼辦到的嗎？我在著作《就靠這招說服你》的第 1 章有精彩的說明。

亞馬遜網路書店：[書的連結]

（電子書只要 4.99 美元）

＊＊

我是尼克寇連達，是一位專業讀心師和心理學研究學者。如果想要知道
更多……

部落格：www.NickKolenda.com

臉書：www.facebook.com/mentalismshow

推特（新）：www.twitter.com/nickkolenda

[描述結束]

以上的描述看起來似乎沒什麼特別，但其實內容隱藏了數個心理學
概念，讓讀者有更多壓力要購買我的書。

你有注意到描述中第一句老套的問題（「想不想知道我的祕
密……」）與其他句分隔開來嗎？當人們在瀏覽 YouTube 影片時，那
是觀眾唯一會看到的一句，如果要瀏覽其他的描述，要按下「顯示更多」
的功能鍵。

為什麼這個問題很重要呢？當人們心中的答案是「想」的時候，那
就表示他們對我的祕密感到好奇，接下來表現出的行為會有與想法一致
的壓力，當他們按下「顯示更多」閱讀隱藏的描述時，那就是一個加深
態度的行為反應，想要知道那個祕密的慾望就更為強烈。當他們讀到下
一個問題（「想知道怎麼辦到的嗎？」）的時候，多數人會在心中給予
肯定的答案，於是進一步地加深他們的同步態度。

目前為止，他們只完成了三個想要知道祕密應該會執行的動作，當
他們繼續閱讀下面的描述並看到我著作的購買連結，他們會有壓力至少
應該要點擊連結來維持想法的一致性（點擊連結就是加強他們新想法的
第四個動作），照著這樣的節奏，人們有更多壓力要購買我的書來維護
自己態度一致的形象。

第3步 | 觸發社會壓力

請求之前	第 1 步	M	塑造對方看法 Mold Their Perception
	第 2 步	E	引導一致態度 Elicit Congruent Attitudes
	第 3 步	T	觸發社會壓力 Trigger Social Pressure
	第 4 步	H	讓對方習慣訊息 Habituate Your Message
請求之際	第 5 步	O	優化訊息內容 Optimize Your Message
	第 6 步	D	提高對方動力 Drive Their Momentum
請求之後	第 7 步	S	維持對方順從性 Sustain Their Compliance

概要 | 觸發社會壓力

現在你已經塑造你目標的看法，也激發了同步態度，在你提出請求之前，還有另一個步驟要執行。

欲施加更多壓力在你目標身上，你應該要觸發某種社會壓力。幾乎所有影響力與說服術的相關書籍都會說明社會壓力的重要性。為什麼？因為這個因素對改變行為極為有效。

無論我們有沒有意識到，我們時常（其實是每天）會觀察旁人的舉止來決定我們的行為，如果所有人都做出特定行為，我們也會有一種衝動想要做出相同行為。METHODS說服術的第三步將會教你如何利用這個自然的傾向來對你的目標施加更多的壓力。此步驟的第 1 章將會教你如何利用社會規範以及團體行為的影響力，第 2 章則會將重點放在如何運用人際壓力的影響，以及如何建立更緊密的互動關係。

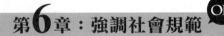

第6章：強調社會規範

標準線

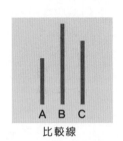

A B C

比較線

　　請觀察上面這些線，如果要你猜的話，比較線中的哪一條和標準線一樣長？是 A、B 還是 C 呢？

　　是 B，對吧？為什麼我要問大家答案這麼明顯的問題呢？如果這問題如此容易，那為何實驗中有 76% 的受測對象還是答錯了呢？是研究者剛好選到了一群眼盲的受測對象，還是那些回答是被某種心理因素給影響了呢？既然你正在讀這本書，應該不難猜到原因為後者。此章節就是要介紹這個心理因素，為何它影響這麼大，以及你可以如何用它來加強你的說服力。

一、社會壓力的影響力

　　為什麼有這麼多人答錯前述的問題呢？一位在社會心理學領域卓越的研究學者，Solomon Asch 於 50 年代進行了一項前所未有的實驗，他原先想要測試人們在實驗中順從的程度，沒想到卻為心理學帶來一個嶄新的貢獻。

　　在這個實驗中，有七個人坐成一排，並給他們看此章節一開始就給大家看的圖，實驗室的陳設與座位安排如下：

圖示呈現位置

1　2　3　4　5　6　7

想像你們是坐在第六個位子的人。從第一位開始，研究人員要求每個受試者口頭回答那個「看似簡單」的問題（三條比較線的哪一條線與標準線等長）。

就在第一位受試者回答之前，你心裡馬上決定正確答案是 B，甚至在想他們為什麼要問這麼簡單的問題，也就是為什麼當坐在第一個位子的人回答的是 C 之後，你有些措手不及，但你心裡想，應該沒什麼好擔心的，因為你有自信接下來第二個人一定會知道正確答案是 B。

很不幸地事情並沒有如你預期發生，當第二個人的答案也是 C 的時候，你的小擔憂開始轉為恐慌，你現在該怎麼辦？難道你遺漏什麼了嗎？你重複仔細端詳圖示上的線，懷疑自己到底哪裡弄錯了，但時間一分一秒地過去，在你還沒來得及重新思考答案前，聽見第三、第四及第五個人的一致回答都是 C，糟糕，現在換你要回答了，這時候的你該如何是好？你還會堅持原先的答案 B 嗎？根據實驗結果，你可能不會。

在這個實驗中，只有坐在第六個位子的人才是唯一的受測對象，其他人都是研究人員雇來配合演出的。那些「臨時演員」是刻意提供錯誤的答案，來施加社會壓力給第六位真正的受測對象，沒想到這個社會壓力的影響力比許多研究者預期要來得強大，即使面對這麼輕而易舉的問題，竟然還是有 76% 的人服從壓力，也給了錯誤的答案。接下來會以此心理因素延伸，並說明兩個為何它如此具有影響力的原因。

二、為何社會壓力如此具有影響力？

這個部分將描述為何我們會屈服於社會壓力的兩個主要原因：訊息影響和規範性影響。

（一）、**訊息影響**：首先，我們時常遵從其他人的看法與行為，因為我們總覺得自己的想法不正確，當群眾的意見與自身意見互相衝突時，我們會開始質疑自己看法的正確性，尤其是當正確答案不是那麼清楚的時候，這樣的自我質疑會變得更強烈。

在前述的實驗中，正確解答是非常明顯的（因此觸發了規範性影響，

將於之後說明），但在某些情況正確解答並不是這麼明確的時候，我們會開始不相信自己的判斷，此時便很容易造成訊息影響。

讓我們再來看看另一個關於順從性的經典實驗，在這實驗中答案更加不明確。Muzafer Sherif 於 1936 年測試社會壓力會給受測對象對於自動效果的看法帶來什麼影響。自動效果的涵義為如果周遭環境都是暗的，人們會認為小光點似乎有在移動的視錯覺（實際上黑暗中的光點並無移動，但人們因為缺乏其他參考點追蹤而產生了視覺上的錯覺）。

在實驗的過程中，受測對象被安置在一個黑暗的房間內，只有一個微弱的光源在他們面前 5 公尺遠，光源閃爍了 2 秒後，研究者請受測對象預測光源移動了多遠（但實際上光源並無移動），當人們獨自做決定的時候，預估的移動範圍差距很大。

但是當研究人員詢問三人一組受測對象的時候，有趣的事情發生了。當每一組說出他們預測的移動距離時，越到後面三人的答案變得越接近。譬如說，第一次閃爍三人的預測值分別為 3 公分、8 公分及 20 公分，第二次閃爍後的預測值為 5 公分、8 公分、13 公分，到了第三次閃爍，預測值變得更加接近，為 8 公分、8 公分及 10 公分，每一次新的測試，三位受測對象的預估都會越來越接近。

當問題的正確解答不是這麼明確且難界定時，人們通常會因為不確定正確答案而服從他人。當聽到了其他人對於光源移動距離的預估值時，人們開始懷疑自己的估測，於是開始調整自己的預估值，慢慢變得與其他人的預估更接近。

研究人員又如何確定受測對象是真的改變對光源移動距離的看法，還是只是為了不想自己的答案聽起來太突兀呢？於是在團體測試之後，研究人員又給受測對象獨自測試，發現他們之後獨立預測值仍然與先前團體受測時所做的預測值差不多（Sherif, 1936）。訊息影響是在正確答案不明確的時候發生，但是當答案很明顯的時候，便會造成規範性影響。

（二）、規範性影響：其實規範性影響比訊息影響還要來得更嚴重，因為人們是為了避免某種社會性後果而選擇順從。

和 Sherif 估計光源移動距離的實驗不同的是，在 Asch 比較線與標準線的實驗中，受測對象説出與他們看法相違背的答案並不是因為不相信自身的判斷，而是害怕被旁人視為異常分子。

在接下來的實驗裡，受測對象被告知由於他們遲到的緣故，所以無法像其他參與者公開表示答案，只能默默地把答案寫下來。雖然所有因素都沒有改變，但這次受測對象並沒有順著他人決定，因為把答案寫下來並不會讓別人發現他們的回答與眾人不同（Asch, 1956）。因此我們服從群體決定並不只是因為自身的想法有所改變（訊息影響），這麼做也是為了要避免表現出自己不正常，如此便不會受到社會排擠。

為何社會排擠的影響力這麼強？從生物學的角度來看，研究者最近發現社會排擠與身體疼痛的「神經迴路」（前扣帶迴皮質）是一樣的（Eisenberger & Lieberman, 2004），所以社會排擠這麼有影響力的原因是它讓我們感覺非常疼痛。

你心裡一定在想，**少來了，如果社會排擠可以讓我們感覺到疼痛，那我就吞幾顆泰諾止痛藥不就可以好起來了**。嗯……其實也不是不行。由於社會排擠與生理疼痛共享同一條神經迴路，止痛藥的確証實可以減緩社會排擠所造成的痛苦感覺（Dewall et al., 2010）。

三、社會壓力的影響力究竟有多強？

在解説特定的説服策略之前，我想先説明以別人的行為來決定自己的行為有多麼危險，雖然這和説服並無直接關聯，但是這一段非常地重要，所以如果現在你沒有集中注意力的話……快醒醒！

她的名字是凱蒂吉諾維斯。1964 年 5 月 13 日，她在紐約皇后區慘遭強暴，並被歹徒刺殺身亡。讓她的死亡更添悲劇性的是這起事件就發生在公共場所，案發當時附近就有多位民眾，但即使凱蒂哭著叫救命，嘶喊了將近 20 分鐘，這 38 位民眾卻沒有一位報警，直到 45 分鐘後終於有人採取行動報警，警方在報案之後趕來現場，卻已經太遲，凱蒂在警方抵達現場的幾分鐘後即傷重不治。

如此慘絕人寰的事怎麼會發生在公共場合？是那些旁觀者太冷血無情，還是有某些心理力量牽扯其中？這些疑問讓兩位心理學家，John Darley 和 Bibb Latané 開始發掘後者因素的可能性（Darley & Latané, 1968）。

假設你現在要參與一個實驗，實驗人員跟你說明要透過對講機與其他參與者討論你私人的問題（由於議題非常私人，用對講機談話可以保存隱密性），實驗人員甚至告訴你為了要有最真實的對話，他不會在過程中聆聽，只會在之後才聽錄音，但為了讓整個對話流暢順利，一次只有一個人可以朝對講機講話，當其中一人說完以後，可以按下按鈕，好讓另一個人繼續接著使用麥克風。

於是你坐在自己的私人房間，等待著另一個人透過對講機告訴你，他已經準備好加入談話（在此實驗中，你被告知你只會和一個人對話），當對方告訴你他準備好時，你們兩個開始討論彼此的私人問題，在談話當中，對方不好意思地向你承認他很不適應大學生活，因為他有時候會癲癇發作，剛開始一切的對話都很真誠有趣，他的問題並沒有嚇到你，直到之後某一刻的談話。

就在你們兩個談了一陣子之後，對方突然在對話中說：

我……呃……我想我需要……有沒有人……應該……又……癲癇……快來（噎氣聲）……我要死……我要死了…救命……癲癇……（噎氣聲，然後沉默）

你倒吸一大口氣，身為唯一一位聽見疑似是癲癇發作的人在求救，你該怎麼做？你會尋求協助嗎？當然你會，參與者確實也這麼做了，當他們知道自己是唯一一個可以救那位癲癇發作的人，幾乎所有人都立即離開房間尋求幫忙。

然而如果參與實驗的人相信跟他們透過對講機交談的人不只一位的話，既危險又驚訝的事情發生了。為了要佯裝受測對象不只是與一個人參與討論，實驗人員會刻意透過對講機播放另外幾個人的錄音，來假裝受測對象是在與數個人通話，有些人會誤以為自己在和其他三個或六個

人進行討論，而這項實驗的結果讓研究者對凱蒂吉諾維斯的悲劇事件有了進一步的了解。

當受測對象以為他們是與好幾個人一起參與討論的時候，為那位癲癇發作的人尋求協助的可能性便大幅降低，當他們以為自己是唯一一位在與癲癇隨時會發作的人對談時，有 85% 的民眾立即離開房間請求幫助，然而如果是三人對談的情況，民眾尋求幫助的比例降至 62%，甚至在六人對談的條件下降得更多到 31%，可見當越多人在場，人們積極協助的可能性就越低，我們寧願聽到對方遭受癲癇的痛苦，也不願意幫忙。

為什麼我們可以這麼冷血？其實並不是因為我們沒有感覺，而是因為我們當時受到兩個主要的心理因素所影響，導致如果知道越多人在旁邊，我們提供協助的可能性就越小：

>> **責任分散**：當對方說話不對勁，疑似癲癇發作的時候，幾乎所有受測對象都會馬上採取行動，因為他們知道自己是唯一一個曉得對方有癲癇的人，於是拯救對方的責任都在他們身上。但是如果知道自己並非唯一在場的人，這個責任便分散到自己與其他人身上，越多人加入討論，每個人所擔的責任就越小，因為大家都以為總是有人會提供協助。凱蒂吉諾維斯事件中的 38 位旁觀民眾也是如此，他們從自己的公寓裡都可以聽到凱蒂被強暴與殺害的聲音，卻沒有一個人採取行動報警，正是因為他們錯誤的假設已經有其他人這麼做了。

>> **觀眾抑制效果**：第二個心理因素是如果我們錯將事情看成「緊急事件」，也許會引來別人的恥笑。在前述實驗中，要是對方癲癇其實沒有發作，但你卻衝出房間呼叫救命的話，別人可能覺得你有點大驚小怪。當情勢並不是那麼明朗的時候，人們通常不會採取行動以免尷尬。為了想要避免這種窘境而可能失去救人一命的機會真的讓人覺得不可置信。

不管你看完此書後記得多少，但請務必記住這一段。這個段落所提供的建議不僅可以救你自己，也可以救其他人一命，這也是為什麼我希

望在往下講解其他策略之前，能先與你們分享這些理論。

當你有幫助別人的機會，請**不要**屈服於社會壓力，即使情勢不是這麼明確，也要做個有行動力的旁觀者，如果某人好像遭遇到困難，不要將責任分散給其他人，必須要明白大家都在觀察你的行為來決定他們是否要採取行動，所以如果你不主動的話，其他人更不會主動了，當你看到有人倒在路邊，不要因為其他人都沒事地走過，就以為她只是睡著了，請停下腳步確認她是否沒事再繼續往前走。

或是如果你自己遭遇到麻煩，不要只是消極地呼喊救命，這樣只會讓別人分散責任感而已，如果你真的需要幫助，你應該：（1）、直接指著某人好讓她無法隱身於群眾之中，以及（2）、給她特定且直接的指令，像是打911。當情況很危急時，上述的這些才是「說服」旁人提供協助的妥當方式。

四、說服策略：強調社會規範

現在你們知道了以社會壓力為重點的重要資訊，該如何運用來說服他人呢？接下來將會介紹幾個聰明的技巧讓大家能對說服目標施加一些社會壓力。

（一）、將規範用在期望方向：其中一個利用社會規範來加強說服力的優勢便是規範可能依情況不同而有所改變。假設你去到一個所有人講話都很大聲的圖書館，雖然這樣的行為與一般的規範相牴觸，但你就知道那間特定的圖書館允許喧嘩的氛圍，於是你便不會有太大壓力，需要時時注意自己說話的音量。

因為社會規範不是固定的，這樣的彈性讓你能隨時改變外在環境來為特定情況設定行為標準。當研究者要測試人們亂丟垃圾的傾向時，他們發現這個壞習慣會隨著已經在地上的垃圾數量呈正向比例增加，當他們將地上的垃圾從一個、兩個、四個增加至八個的時候，隨地丟垃圾的人的比例亦分別從 10%、20%、23% 增加至 41%（Cialdini, Reno, & Kallgren, 1990）。當滿地都是垃圾時，人們也會傾向追隨社會標準，

將垃圾隨地亂丟，反之如果地上垃圾沒有這麼多，人們也會順著這樣的標準將垃圾丟進垃圾桶內。

這樣的結論又該如何運用至說服他人方面呢？讓我們用小費或服務費來舉個例子。如果你工作的地方櫃檯擺有裝小費的罐子，你可以在營業前先擺進一些鈔票充當小費，這樣便可以給客人壓力結帳時要留下多一點小費（或是任何小費）。這個方法不僅可以傳達慷慨給予服務費的標準，罐子裡的鈔票也可以讓客人盡量以鈔票做為小費，而非只是瑣碎的零錢。

如果你工作的地方是要與其他同事一起分攤服務費的話，可以先告訴他們你一開始放進去多少錢，之後再從小費罐收到的總數扣掉，你會很訝異光是利用這個小訣竅便可以為你帶來額外的服務費。

這個方法除了可以鼓勵期望行為，像是給予小費之外，還可以用來降低特定行為的發生，比如說希望大學學生少喝酒，強調社會規範一樣可以幫你達到目的。假設大學一個委員會聘請你，希望能張貼警告標語來降低大學學生的酗酒行為。以下兩則警告訊息，你認為哪一個會比較有效？

>> 近來調查指出校園內有超過大家預期的學生人數酗酒。請注意健康，酌量飲酒。

>> 近來調查指出校園內大部分學生飲酒時會注意克制。請維持這個習慣，酌量飲酒。

大量研究指出第二則訊息會更加有效（Cialdini et al., 2006）。第一則訊息雖然試圖強調日漸嚴重的問題，出發點是好的，但是這類訊息內容卻不見得能得到預期效果，反而將標準導向欲糾正的行為（酗酒）。

無論是酗酒、自殺、家暴還是其他有害的行為，都不該將社會標準著重在那些該糾正的行為上，把重點放在期望的行為方面才更加有效。第二則訊息之所以會更有效地減少校園內的酗酒問題，因為內容將標準放在安全飲酒，也就是正確的行為，如同 Robert Cialdini 在 2003 年所述「在『很多人都在做著很不可取的事情』的聲明中其實藏有一個通俗

卻很有威力的規範性訊息，那就是『很多人也都在做著相同的事。』」

總之，當你想要鼓勵或是阻止某人進行某個行為的時候，都應該朝著期望的行為做規範，如果想要鼓勵客人多給一點小費，就表現出大多數客人都很慷慨；如果想要阻止酗酒行為，就要讓酗酒的學生知道大多數學生都適量飲酒，絕對要將規範放在你希望目標能遵從的方向上。

下一個說服技巧將擴展上述的討論，並介紹一個特定且有影響力的社會規範，讓你們可以利用並且施加壓力至目標身上。

（二）、相互性規範：其中一個具有影響力的社會規範是相互作用。每個人心中有一個互惠的蹺蹺板將我們與其他人連結著，並且渴望平衡，當有人幫助過我們，蹺蹺板會稍微朝我們這方傾斜，我們便覺得有義務也要回報對方，如此蹺蹺板便會恢復平衡，這種先天的壓力導致我們可以使用一些非常強大的說服技巧。

但是首先，**為什麼**我們會感受到壓力呢？我們因為相互作用而感到壓力有兩個原因。第一，沒有回饋對方的這個行為是偏離社會規範的，而結果就是如同你在此章節學到的，會受到社會排擠的痛苦煎熬，因此我們試圖平衡互惠作用是為了要避免受到因社會排擠而感到難過的後果（Cialdini, 2001）。

除了表面的動機之外，還有一點就是我們內心會感到有某種責任感。當某人將互惠蹺蹺板傾向我們這邊時，我們覺得有責任要還對方一個人情，即便回報的方式可能不被注意。Jerry Burger 與其他研究者在2009 年為了要測試這個想法，於是設計了一個實驗並佯裝此實驗的目的是在測試視覺觀感，每一次的實驗都有兩名學生，但只有一名是真正的受測對象，另一名學生則是實驗者請來配合演出的人。

在實驗當中的休息時間，與實驗者同夥的假受試者離開現場，回來時帶了兩瓶水：一瓶給她自己，另一瓶給真正的受測學生（她解釋因為生物學社團在免費發放瓶裝水，所以她就多拿了一瓶）。在實驗結束後，當那名同夥學生請受測學生幫她的心理學教授填一份問卷，受測學生完全有自由選擇，且問卷是匿名的（學生填妥後可於幾天後投至心理學系

部門的信箱，就算受測對象答應了但沒有實際填寫也不會被知道），你猜那位學生會怎麼做？

在沒有收到同夥學生瓶裝水的受測對象當中，只有 10% 的受測學生答應填寫問卷的請求，但是收到瓶裝水的群組裡面，有將近 30% 的受測學生願意填寫問卷。雖然同夥學生並不清楚那些受測學生是否真的完成了問卷，但是那些收到瓶裝水的學生覺得自己有義務要還對方一個人情。互惠作用的規範已經變得「內化」，即使清楚沒有人會知道，我們仍然會屈服於它所帶來的壓力（Burger et al., 2009）。

有什麼具體的方法可以施加那種壓力呢？接下來將介紹兩個簡單的技巧，讓你們可以把互惠蹺蹺板往目標的方向傾斜：不請自來的恩惠及讚美。

1、**不請自來的恩惠：**就像前述的瓶裝水實驗，平白而來的恩惠可以誘發我們心中強大的責任感。

可能大多數人都有這個經驗，你坐在車子裡什麼也沒做，忽然有人出現開始清洗你的車窗，很煩人，對嗎？很不巧地那些擾人而且不請自來的恩惠應該會持續好一陣子。為什麼呢？因為這個招數對於讓互惠蹺蹺板傾斜實在太有效了。

與其抱怨那些無故的恩惠所造成的困擾，為何不將它們轉換成對自己的優勢呢？有不計其數可以利用這些小恩惠來給別人回報你的機會。之前提到的技巧說明了先將一筆小費放進罐子裡可以誘導客人給更多小費，但如果你是餐廳服務生，想要直接從客人那邊拿到小費呢？這時候你就可以藉用這個原理來直接收到小費，你可以為你那桌的客人做一些意想不到的貼心舉動，像是給他們帳單時順勢放一些薄荷糖，這樣便可以給客人一些壓力在桌上留下小費（Lynn & McCall, 2009）。

2、**讚美對方：**承認吧，大家都喜歡被稱讚，但前提是你不能輕率地就丟出一個稱讚，但對於你真心欣賞的目標，也不要吝於表示適當的尊敬與讚美。

讚美目標不僅可以增加對方對你的好感度，也可以將互惠蹺蹺板朝他傾斜，當有人稱讚你的時候，你不會有想要說什麼或做什麼來回報對方的衝動嗎？這是一個非常自然的反應。譬如每當有人稱讚你的服裝時，你發現自己也會打量對方的衣著、髮型或是鞋子，任何引起你注意的部分，好讓你能夠回報對方的讚美。

研究甚至顯示讚美可以導致不同形式的互惠作用，而不僅僅是一般的恭維。有一些研究指出稱讚客人可以得到更多小費、更好的產品評價，以及更高的銷售佣金（Seiter & Dutson, 2007; DeBono & Krim, 1997; Dunyon et al., 2010）。

如果你是餐廳的服務生，光是稱讚你服務的客人很會點餐就可以達到意想不到的效果（像是「之前我試過這個餐點，非常好吃，是個不錯的選擇！」）。特別是有以下三個原因可以說明為何這句讚美的話這麼有影響力：

(1) 你對客人點的餐表達了高度期望，因為這樣的高評價，讓客人也產生了對餐點的好感（已於第 3 章說明），他們較可能有愉快的經驗，也因此給予更多小費。

(2) 只是一句簡單的讚美就可以將互惠蹺蹺板往客人那邊傾斜，向他們施加壓力，讓他們覺得有義務要回報，還有什麼比大方給小費更好的回報呢？

(3) 當跟客人說你也很喜歡他們點的菜色，你展現出自己與他們相似，而你們即將會在下一章所學到，表現出這種「巧合性相似」，能夠加強別人對你的喜愛度，並且增加你收到更多小費的可能性。

此章節說明了隱藏在社會壓力背後的莫大影響，以及如何利用社會規範來引導目標做出期望行為（也可以利用互惠作用的優勢）。下一章將要描述如何應用社會壓力至個人層面，你會學到一個很有效的策略，在建立關係及增加好感度方面非常有利，進而達到說服目的。

第7章：顯示相似性

下面的英文字母中，請選出一個你最喜歡的字母：

J M L K

選好了嗎？我刻意選以上字母因為它們最常出現在人名的第一個字母（如 Joe、 Meghan、Lauren、Kevin），如果你名字開頭的第一個字母出現在上面，你較有可能選擇那一個字母。

此章節將會說明為什麼會有這樣的情形，以及為什麼我們會無意識地被我們認為與自己相似的事物吸引，你將會於此章節學到，顯示出任何形式的相似性，無論看似多微不足道，都可以增加說服力。

一、相似性的影響力

如果你正在閱讀這本書，那你應該對心理學很有興趣，怎麼這麼巧……我也很愛心理學！

其中一個可以影響你是否能獲得目標服從的因素就是你與他的互動關係。目標對你越有好感，你成功的機會就越高；他越不喜歡你，則成功的機會就越小。雖然此章節的標題可以訂為「建立更好的互動」，但是這個議題極為廣泛，所以只會著重於一個最有效的技巧：強調你與目標的相似性（想要知道更詳盡的人際關係社交技巧，請閱讀戴爾•卡內基（Dale Carnegie）的暢銷著作《如何贏取友誼與影響他人》一書）。

俗話說「異性相吸」，其實並不正確。許多研究指出人們常會被與自己在外表、興趣及其他方面相似的人給吸引，巧合相似的原理說明當兩人有共同的興趣，即使再怎麼微不足道，都可以建立起人際關係，就像都喜歡心理學也是可以喔（眨眼睛）！

我們會被相似的人事物給吸引這樣的心理衝動非常強大，甚至可以影響我們的生活，為什麼呢？在一個相關實驗中，研究學者 Pelham、Mirenberg 及 Jones 得到了驚人的結論：

>> 名為丹尼斯（Dennis）的人有部分比例較有可能成為牙醫（dentist），而叫做喬治（George）或喬佛瑞（Geoffrey）則有部分會投入地球科學的領域（如地質學 geology）。

>> 屋頂修繕工（roofer）有 70% 名字是以字母 R 開頭，而五金行（hardware）老闆則有 80% 名字的第一個字母是 H。

>> 名字為菲利浦、傑克、米爾翠德和薇吉妮雅比較有可能分別住在美國費城、傑克遜維爾、密爾瓦奇及維吉尼亞海灘。

更不用説相似性的確是另一個潛意識會支配我們行為的強大力量。

你將會於此章節之後的部分學到，這個原理不只適用於英文字母而已，幾乎任何你與目標共有的相似之處都有助於你建立社交關係，並且增加目標服從的可能性。

二、為何相似性如此具有影響力？

為何相似性如此具有影響力？接下來將介紹兩個經由研究得出的原因。

（一）、演化：第一個原因是演化史 (Lakin et al., 2003)。從生物進化的角度來看，我們的祖先常會和與自己相似的族群共處，因為他們比較不具威脅性；對於和自己不同的人，我們必須特別謹慎，因為他們似乎構成較大威脅。那些不具有警戒心的人常常會被殺害，所以那類型的人已隨著時間被淘汰。由於我們的祖先意識到相似性的重要，所以將這個生存的特性傳遞下來，這就是為什麼相似性到現在持續影響著我們。

（二）、內隱式的自我膨脹：雖然生物演化這個説法是其中一個原因，但是內隱式的自我膨脹獲得較多研究學者支持，此概念主張每個人內心其實都以自我為中心（Pelham, Carvallo, & Jones, 2005）。

因為潛藏的自私本性，我們對於跟自己在任何方面相近的人事物都有一種心理衝動想要與其親近。名字叫丹尼斯（Dennis）的人多半都會成為牙醫（dentist），因為這個職業與自己的名字發音相近，所以產生了某種親和力，並支配了他們的行為朝著牙醫之路前進 （Nuttin, 1985）。

這聽起來好像很可笑，但現在已有足夠證據顯示我們會對自己名字裡有的英文字母產生好感，稱之為「姓名字母效應」。研究學者也

發現消費者通常會比較喜歡與自己名字有同樣字母的品牌（Brendl, et al., 2005），這些品牌甚至可以影響人們的消費方式，譬如說一個相關研究發現，一位名字叫強納生（Jonathan）的人會購買較多品牌名為「Joitoki」的日本飲料（Holland et al., 2009）。

不僅是自己的姓名，內隱式的自我膨脹甚至讓我們無法辨別出自己的臉孔。想像有個人幫你照了一張相，然後將照片重新後製成一個全新的版本，其中一些照片把你後製得很漂亮，但有一些照片你看起來並不怎麼好看，如果將所有後製過的照片攤開擺在你面前，你可以認得出來嗎？當然可以，是嗎？但事實上可能比你想得要困難。

當實驗人員將所有後製過的照片擺在受測對象面前，並請他們選出自己真實的臉孔，受測對象一致地會選擇後製過較漂亮的版本，而非原來的那張照片（Epley & Whitchurch, 2008），我們內隱式的自我膨脹影響力如此強大，讓我們都認不出自己的臉了！

三、說服策略：顯示相似性

現在你已經明白為何我們總是會被相似的人給吸引，接下來的段落將會教你如何活用這個原理來增加目標服從的可能性。

（一）、巧合相似：因為我們在心理上傾向於接近與自己相似的人事物，你便可以利用這點強調你與目標的相似性，向他施加壓力來達到你的目的。巧合相似的技巧將會幫助你凸顯出他的內隱式自我膨脹，同時建立更穩固的關係並增加服從的機會。

欲測試顯示相似性會有什麼影響，Jerry Burger 與他的研究同事（2004）跟受試者說他們正在進行一項關於占星術的實驗。在實驗過程中，受試者發現他們與另外一位受試者同一天生日（實際上這個人是協助研究員配合演出的一員）。研究學者想要知道這樣的巧合相似是否會讓真正的受試者答應假受試者的請求。

當大家都以為實驗已經結束，他們與假受試者一起離開房間並在走廊走著，這時這位女性假受試者詢問真正的受試者是否可以幫她完成剩

下的英文作業。那個作業是什麼呢？她需要找一名學生幫她審閱整整八頁的作文，並寫一頁針對她論點的評論（可真不是件輕鬆的差事）。儘管如此，研究者發現那些與假受試者同一天生日的人們還是答應了這個吃力的要求。

在獲得如此意想不到的結論之後，實驗人員又進行了後續的研究，並想要了解相似性的罕見度是否也會對服從性有影響，如果我們發現與其他人在某些層面相似，且相似的方面並不常見，是否也會增加我們幫忙的可能性呢？

研究人員為了測試這個問題，找了一群新的受試者進行同樣的實驗，不過這次受試者不是找到與他們同一天生日的人，而是要讓他們發現自己與假受試者的指紋相似。其中一些受試者被告知他們的指紋類型很普遍，另一組則被告知他們的指紋類型很少見。

同預期的一樣，答應完成英文作業請求的百分比隨著指紋相似的稀有程度而增長。

>> 當受測對象不知道和別人有相似指紋的時候，答應請求的百分比為48%。

>> 當受測對象知道和別人有相似指紋，但是指紋類型很普遍的時候，答應請求的百分比為55%。

>> 當受測對象知道和別人有相似指紋，而且指紋類型很罕見的時候，答應請求的百分比急速上升至82%。

雖然任何相似的地方都可以讓你的目標傾向答應你的請求，但是答應的可能性會隨著相似性的稀有度呈正向增長。但也要注意這個相似性並不一定要多有關聯或是多重要，只要不常見就好（好比兩人的指紋）。

你又該如何應用這個理論到生活中呢？如果你是第一次與你的目標碰面，花點時間去研究她：她的生活、興趣以及各方面。這個舉動不僅表示你在意她（另一個建立人際關係的方法），也能讓你找出自己是否有任何與她相似的地方。

當你發現與對方有相似之處，請盡快讓對方知道，如此便能激起她

的內隱式自我膨脹，特別是如果相似的方面不是很普遍。即使相似的方面與你的請求完全不相關或是根本不重要（比如同樣的姓、共同好友、相同的興趣等等），這些巧合性相似都可以大幅增加你的說服力。

你甚至可以融合巧合相似和社會規範這兩個方法。在一個有趣的實驗中，研究人員 Goldstein, Cialdini and Griskevicius（2008）想要知道不同的訊息是否能鼓勵飯店的客人重複使用毛巾。來猜猜看以下訊息哪一則影響力較大：

>> **請為環境保護盡一份力**：環境需要我們共同來尊重，你可以重複使用飯店的毛巾，來表示對大自然的尊重並為你所處的環境盡一份力。

>> **歡迎加入其他客人共同來為環境保護盡一份力**：根據 2003 年秋季的數據指出，75% 的客人已加入我們的資源節省計畫，並重複使用飯店的毛巾。

我想你們現在應該可以猜到第二則訊息較能讓目標信服，因為訊息內容著重於社會規範下的期望行為，而這確實也是實際所發生的，第一則訊息得到了 37% 受測對象的配合，而第二則訊息獲得 44% 受測對象的配合。

而當研究人員稍微調整了第二則訊息，強調了一個不常見的相似性之後，有趣的事情發生了

>> **歡迎加入其他客人共同來為環境保護盡一份力**：根據 2003 年秋季的數據指出，75% 曾待過這間房間的客人已加入我們的資源節省計畫，並重複使用飯店的毛巾。

當研究學者描述待過同樣房間的客人都曾重複使用毛巾（比起都是同樣飯店的客人相似性又多了一項），配合指示的客人們增加至 49%。為什麼這麼小的變化會帶來如此顯著的結果呢？接下來將會向大家解釋所謂的「內團體」可以引發對方服從的可能性。

（二）、內團體偏私：第二個相似性的應用便是內團體偏私，也就是每個人都傾向喜歡與自己同屬一個團體的成員，無論你們是上過

同一所學校，參加過同一個球隊，或是住過同一間飯店的房間，研究結果顯示人們通常較偏愛內團體的成員（或是容易被說服）。事實上當我們光是看到內團體成員的面孔，大腦中與獎賞有關聯的眼窩額葉皮質區的神經活動就變得更活躍 （Van Bavel, Packer, & Cunningham, 2008）。

研究指出我們很容易被內團體的成員說服，也很容易被外團體成員勸阻。假設你與一個陌生人一起參加試吃測驗，你們兩個人被允許盡情地拿想要的食物。另外一個人拿走了一些食物，而你站在一堆食物面前，思索著到底要拿多少。研究人員發現你拿走多少食物會因為陌生人的特性，以及她拿的食物多寡而有影響（McFerran et al., 2010b）。

在前述的實驗中，另外一位假受試者是一名身材纖瘦的女性。在某些測試中，她是以正常纖細的身材參與，但在另外的測試中她穿著設計過的服裝（讓她看起來很胖）。研究學者想知道她纖瘦和過重的身材是否會影響受試者拿走的食物量，而結果讓人很意外。

實驗學者發現當受試者與身材纖細的陌生人一起拿食物的時候，拿走的食物量與她差不多，但如果是與身材過重的人一起拿的話，食物量則剛好與她相反。當假受試者的身材纖細並且只拿一點點食物的話，人們也會只拿一點點；而當她拿很多的時候，人們也會跟著一起拿很多。但是如果假受試者看起來過重而且拿了很多食物，人們就只會拿一點點；而當過重的受試者只拿一點點食物的話，人們反而會拿很多食物離開。

是什麼原因導致這個結果呢？當別人身材超重時，他們被認定是疏離團體的一員，亦指大家想要「遠離」的團體。之前實驗中，當假受試者身材過重的時候，受試者刻意拿走與她們相反的食物量，因為潛意識裡有壓力想要與那些人保持距離。

但問題來了。如果前述實驗的受試者正在節食呢？正在節食的人會不會較能認同體重過重的人，因為他們都有減肥的目標呢？如果是這樣的話，結果會不會因為這樣的認同而讓受試者將對方視為內團體成員而有所改變呢？研究人員想要測試多了一個相似性會不會帶來改變，結果

是……真的會。

　　研究人員在另一項實驗加入了相似性的因素，正在節食的人的確較能認同過重的假受試者，而沒有在節食的人則是較能認同身材纖瘦的假受試者（McFerran et al., 2010a）。因此有節食與沒有節食的受試者在能夠認同另一位假受試者的情況下，都顯示出他們能被說服的最大可能性（選擇差不多的食物量）。

　　當你想要說服對方時，要怎麼讓他覺得你們屬於同一個團體呢？你不僅可以使用第一個技巧來顯示共同相似的地方，也可以簡單地說出「我們」來加強你跟對方都是內團體的成員。研究指出這些代名詞可以激發一種愉悅的感覺，因為它代表你們是屬於同一個內團體的人（Perdue et al. 1990）

　　當我在編輯這本書時，我發現我用心理學原理在解釋的時候常用第三人稱（像是「人們」時常會經歷內隱式自我膨脹），所以我在編輯的時候將這些都改為第一人稱（「我們」時常經歷內隱式自我膨脹）。這樣子我跟你們是否會建立起良好的互動呢？誰知道呢？但有總比沒有好吧。

　　（三）、變色龍效應：你可以試試看這個練習（但你應該把這篇文章讀完，才會知道該怎麼做）。將你的雙臂在你面前伸直，與地面平行，手掌面對面，中間隔 7 ～ 12 公分的距離，接著把眼睛閉上。當你閉上眼睛時，想像我將兩個頗有份量的磁鐵放在你的手掌中間，然後想像那兩個磁鐵一直要將你的手掌吸過去，利用你的想像力，去感覺那些磁鐵好像快要將你的手掌合併在一起。你了解自己應該怎麼做了嗎？很好，把書放下花個 30 秒做這個練習，然後再回來（如果你跳過這個步驟，先繼續往下讀為何我要你做這個練習的原因，然後再返回做練習的話，可能就失去效果了）。

　　所以你照我的話做了嗎？歡迎回來，我肯定當你發現雙手真的合在一起時，一定非常驚訝，我也肯定一分鐘過後，你睜開眼睛發現雙手姿勢根本沒有變的時候，心裡一定懷疑這是不是什麼「心理學」的陷阱，

我也敢肯定有些人是繼續往下讀，根本一點也沒有想要試試看這個練習，因為這只是一本書，誰要遵照裡面的指示。好樣的，我的朋友。

無論你符合哪種情形，每當我要催眠某人時，都會用這個練習測試一個人可以被催眠的程度。雖然測試結果並非絕對，但是比起無法輕易被催眠的人，容易被催眠的人在練習中雙手的幅動會較大，因為他們的想像讓雙手更容易合併在一起

此現象背後的原理就是**意念動作反應**，容易被意念動作反應所影響的人光是憑想像就足以將意念反映在動作上，所以練習中雙手的幅動會更大。但是意念動作反應不僅是在身體動作方面，例如腦中如果有攻擊性思想，也容易引發攻擊性行為（如同想法設定），也就是為什麼電玩遊戲或電影中的暴力場面往往會激發孩子的侵略性行為一個主要的關鍵原因。

這些原理與相似性又有什麼關聯？當我們與對方進行談話時，會注意他們的非語言行為並且會有股隱藏的衝動要模仿他們的行為。如果對方講話時雙臂交叉，你會注意到自己接下來也會雙臂交叉；如果對方講話的語調很高昂，你也會同樣地用很熱情的語氣交談。

雖然不在我們察覺之下發生，但這個**變色龍效應**卻是建立人際關係一個主要的因素（Lakin et al., 2003）。我們不僅會模仿自己喜歡的人，甚至對仿效自己非語言行為的人也會產生好感。研究學者在人們模仿非語言行為時，發現了以下結果：

>> 服務生收到更多小費（Van Baaren et al., 2003）。

>> 店員的業績更高並獲得更多正面評價（Jacob et al., 2011）。

>> 越多學生答應為另一名學生寫作文（Guéguen, Martin, & Meineri, 2011）。

因此，不僅與對方的「巧合相似」可以增加他們遵從請求的可能性，相似的非語言行為也有同樣效果。

除了生物演化與內隱的本位主義（兩個本章節介紹過的原因），另外一個相近的非語言行為能影響我們的因素，是因為我們的大腦渴望達

到對稱。當對方仿效我們的非語言行為，那個平衡觸動了大腦內與獎勵相關的眼窩額葉及腹內側前額葉皮質區（Kühn et al., 2010）。模仿對方的行為非常具有影響力，因為在某種層面來說，那樣的對稱達到了生理上的愉悅。

　　這裡建議你可以運用兩個以此理論為基礎的策略。第一個策略應該很明顯，為了要讓對方答應請求，你必須要模仿目標的非語言行為來建立良好關係。心理治療師也很常使用這個技巧來傳達同理心（Catherall, 2004），這個策略也常用於各式場合並獲得顯著的成功（如同你在前述實驗結果所看到的一般）。

　　正因為模仿非語言行為有很深的影響，你應該盡量親自向對方提出請求。雖然在這個先進科技管道的社會，這要求似乎很難做到，但是親自向對方說出請求比較有可能會得到對方的允諾（Drolet & Morris, 2000）。但如果你的情況不允許你親自跟對方碰面（遠距離），你也應該使用視訊，或者至少撥一通電話。你從對方身上知道越多非語言動作，便越有機會可以仿效並且與目標建立關係，自然也能增加對方順從的可能性。

　　接下來要了解以模仿為基礎的第二個策略，試著回想之前同步態度的概念，以及我們是如何觀察自己的肢體動作與行為來推測自己的態度。研究顯示我們時常會觀察我們認為與自己相似的人的行為來推斷自己的態度。研究學者 Noah Goldstein 及 Robert Cialdini（2007） 利用 EEG （紀錄腦波的儀器）來讓受測對象誤以為他們與視訊訪談中的另一位學生有著同樣的腦波型態，視訊訪談中透露另一位學生是一個非常熱心幫助無家可歸街友的人。研究人員在受測對象看完訪談後要求他們填寫一份問卷，有被告知腦波與訪談中的另一個學生類型相似的人，不只認為自己更敏感和願意自我犧牲，而且他們也有更高的意願去協助研究人員進行後續的實驗。受測對象會更願意協助研究人員，因為他們看到以為與自己相似的人無私的付出，並且發展出與那位學生行為上一致的態度。

如果你的目標認為你與她有相似的地方，她會產生與你的行為一致的態度。所以你的目標要是認為你們有共通之處的話，你應該表現出與期望態度一致的行為。舉例來說，如果你有一個很要好的朋友在學習上遭遇了困難，即使你與她不同班，也應該要試圖找她一起溫習課業。光是看到你這麼努力用功，也可以幫你朋友重新拾起讀書的樂趣，並提升她的成績。甚至與她討論你班上的課程多麼有趣，或許也能讓她對你們班上的課程開始產生興趣。

四、讀心者的觀點：如何用意念動作反應嚇壞別人

想要嚇別人嗎？許多心理學原理，像是意念動作反應看起來很簡單，但如果技巧純熟，你也可以讓這些看似容易的方法成為神奇的力量。接下來將會介紹一個讓你真的可以嚇到別人範例。

首先，找一個類似鐘擺的東西（任何一個線的尾端附有物品，並且可以前後搖擺的東西）。如果你握住線的尾端，大概留個與尾端的物品約 20 公分的距離，那個物品會自然地搖擺，你會發現僅僅是想像搖擺的方向，都能導致那個物品真的順著你想的方向搖擺。如果你希望鐘擺能左右搖晃，那麼鐘擺真的會開始左右搖晃，如果你想像鐘擺會前後搖晃，鐘擺會開始前後搖晃。基於意念動作反應，你的手會開始微微地隨著你的想法開始擺動，但有趣的是你不會察覺到自己的手有在動，讓你以為自己真的可以用意念控制鐘擺，是不是挺嚇人的。

但如果你夠專業，可以讓這個表演看起來像是有某種神奇的力量。你可以給朋友看這個鐘擺，並告訴他這個鐘擺有「魔力」。為了證明給他看，你請朋友想一個特定東西（假設你要他想撲克牌中的其中一張牌，而他想的是梅花 J），你讓他握住線的尾端好讓底下的物品自由擺盪，並向他說明前後搖擺的答案為「是」，而左右擺盪意指「否」。

當你說完這些基本的指示後，你開始猜他想的是哪一張牌，並且問他是還不是，在詢問的過程中，你請他心裡只要想著那張特定的牌就好。而當他心裡想著答案時，鐘擺會因為意念動作反應的緣故，朝著正確的

方向搖擺，當然你的朋友不會發覺，只會感覺是鐘擺自行在晃動。

比如說你的第一個問題可能是「你想的牌花色是否為紅色？」，你的朋友可能心裡會想「不是」因為他的牌是梅花 J，如果你請他專注在他的答案，鐘擺剛開始會有些隨意晃動，但之後會一直呈現左右擺動，表示答案為否。

接下來你可以問後續的問題（像是你的牌是不是梅花？你的牌是不是 JQK ？）來縮小答案的可能性，在問了五到六個問題之後，你便可以說出那個你朋友從來不曾說出口的魔法答案，但他完全不知道其實是意念動作反應出賣了他。雖然是一個很簡單的概念，但這個表演對很多人來說是個奇特的現象。

五、現實生活應用：如何提高銷售量

在這個真實生活應用，根據 Wansink、Kent 和 Hoch 的研究，你是一家超市的經理，並且決定運用錨點、限制（將於第 13 章說明）及社會壓力來提高某個產品的銷售。

就在陳列金寶罐頭湯（Campbell's soup）的旁邊，你掛著一個牌子上面寫著「每人限買 12 罐」。雖然這個訊息看起來沒什麼，卻有著莫大的影響，原因有幾個。第一，12 罐這個數量給了別人一個錨點作為參考，客人容易會被這個參考數量給影響，所以與其只買一或兩罐，他們有可能會購買多一點罐頭。第二，如同你即將在第 13 章所學到的，當購買此產品有限制的時候，會激起某種心理反應，讓客人有更強的慾望想要得到這些產品。最後這個訊息可以引發社會壓力，暗示客人這個產品非常受歡迎（否則為什麼超市要限制客人購買的數量呢？）

在真實的實驗中，研究人員擺出以下三種不同的訊息的牌子：

>>「每人限買數量不限」平均銷量為 3.3 罐。

>>「每人限買 4 罐」平均銷量為 3.5 瓶。

>>「每人限買 12 罐」平均銷量為 7.0 瓶。

值得注意的是，原來的訊息內容限量 12 罐與其他訊息比起來，反

而幫助超市達到幾乎兩倍的銷售量。

倘若你想要更加強那個牌子的效果，你可以稍微修改訊息成為「每個客人限買 12 罐」或是「每個 [超市名字] 客人限買 12 罐」。像這樣稍微調整一下文字內容便是利用內團體偏私的原理，強調屬於同一個團體的成員（客人）都有買一定數量的產品。就好比飯店如何以強調同住在一個房間的客人們都會重複使用毛巾來影響別人的行為，當你把重點從「人們」放到「客人們」或是「某飯店的客人們」的時候，你可以施加更多壓力，讓客人能購買更多罐頭湯（或是任何其他產品）。

第4步｜讓對方習慣訊息

	第 1 步	M	塑造對方看法 Mold Their Perception
請求之前	第 2 步	E	引導一致態度 Elicit Congruent Attitudes
	第 3 步	T	觸發社會壓力 Trigger Social Pressure
	第 4 步	H	讓對方習慣訊息 Habituate Your Message
請求之際	第 5 步	O	優化訊息內容 Optimize Your Message
	第 6 步	D	提高對方動力 Drive Their Momentum
請求之後	第 7 步	S	維持對方順從性 Sustain Their Compliance

概要 | 讓對方習慣訊息

開始適應或習慣某些事情。

快要結束了！還差最後一個步驟就可以提出你的請求。現在你已經塑造目標的看法、引導出對方的一致態度，以及向他施加社會壓力，接下來便是讓他習慣你的訊息。

這個步驟的第一個部分要說明為何讓你的目標熟悉你的訊息（透過讓他重複接觸一般性議題）可以讓他更有可能同意請求，而第二個部分則是要介紹一個聰明的技巧，讓人們不去將焦點放在他們也許會反感的訊息或要求。當你完成這個步驟，就可以向目標實際提出請求了。

第8章：利用重複曝光 OK

如果要你猜的話，你會喜歡自己的哪一張照片：實際的照片或是鏡子反射的照片？我可以給你點時間想一想。

當我在大學嘗試第一瓶啤酒時，因為覺得味道噁心所以非常不喜歡，我開始和朋友爭論他們應該是瘋了才會這麼喜歡啤酒吧，他們跟我說遲早有一天我會學著喜歡上啤酒，但我還是認為不可能。

直到喝到第三瓶還是第四瓶啤酒時，我開始了解我朋友為什麼這麼喜歡的原因，雖然剛開始很討厭，但隨著時間拉長我慢慢喜歡上啤酒的味道。這是為什麼呢？為什麼一開始我覺得很反感抗拒的東西，到後來會逐漸喜愛上呢？

是否你也曾有過類似的經歷，曾經第一次聽到某首不喜歡的歌，但是聽了幾遍之後，開始漸漸喜歡上它呢？或者是頭一次見到某人但是對他有不好的印象，不過相處了一陣子後，發覺其實他的性格還蠻好的呢？這些情形很常見，並且可用心理學原理來解釋。

所謂的**單純曝光效應**，也稱作**熟悉定律**，主張我們對某人某事重複接觸的次數越多，就越會對他們有正面想法，如果你越常接觸到某人事物（如啤酒、歌曲或是人），便會覺得他們變得越來越有吸引力。雖然這可能與我們原先的想法相反（像是人們常說的「熟稔易生輕蔑之心」），但有大量研究證據指出對某事物的重複接觸會逐漸發展出正面觀感。此章節將會揭曉背後的原理。

一、重複性的影響力

現在回到我原先的問題：你比較喜歡自己實際的照片還是鏡子中反射的自己？相關領域的研究學者進行了一項實驗並發現如果人們有兩個選擇，通常會偏好鏡子反射裡的自己，但是你的朋友會比較偏好你實際的照片，雖然兩張照片應該是相同 (Mita, Dermer, & Knight, 1977)。

如果你了解單純曝光效應，便知道為什麼會有那樣的結果。試想一下，我們每天醒來走進浴室，都會看到什麼？鏡子中反射的自己。而每天醒來後出去外面，朋友們會看見什麼？他們眼中的自己。因此，當人

們接觸到這兩張照片時，會比較偏好熟悉的照片，我們會喜歡鏡子的反射照片，而朋友們則會喜歡實際照片中的自己，因為那是大家眼中最熟悉的自己。

　　即使我們沒有察覺自己重複注意到某個物品，我們仍然會無意識地對它產生正面觀感。在一個相關實驗中，研究人員重複讓受測者接觸幾何形狀，但這些形狀僅僅出現一下子（4毫秒）以致於受測者完全沒有意識到它們的出現。之後研究人員給受測者看兩種圖形：一個是之前短暫出現過的幾何形狀，另一個則是從未接觸過的形狀，並詢問受測者喜愛哪一個，受測者一致選擇先前短暫接觸過的幾何形狀（Bornstein, Leone, & Galley, 1987）。

　　事實上，單純曝光效應在潛意識接觸時效果特別顯著（Zajonc, 2001）。一個我們沒有特別意識到的東西又如何產生這麼強烈的效果呢？答案就是情感優先假說，此概念主張人們的情緒反應常會比認知反應要先被激發。單純曝光在我們潛意識之外效果更為顯著的原因，是我們的情緒常會比認知要先被激發，每當我們評估任何事的時候，都會自動聯想事情的定義與關聯性，因此也改變了（或是降低）我們的評估，但是無意識的接觸可避免那些潛在的負面聯想，所以比有意識的接觸更有影響力。

　　自從 Robert Zajonc 推出單純曝光效應的主張後 (Zajonc, 1968)，有許多學者也開始對這現象進行相關研究，結論顯示這個效果可適用於不同目標和情況。之前進行過幾何形狀的研究學者又做了進一步的研究，但這次以實際的人取代幾何圖形，並且得出一致結論：受測對象較有可能會喜愛曾經無意識接觸過的照片裡面的人（Bornstein, Leone, & Galley, 1987）。接下來將會說明為何會有這樣的效果，並會告訴你們以此原理為基礎的說服技巧。

二、為何重複性如此具有影響力？

　　前面一個章節已說明為何相似性因為演化的緣故這麼具有影響力，

我們很自然地會被與我們相似的人吸引，因為他們感覺不這麼具有威脅性，單純曝光效應也有類似的效果，重複地接觸可以讓我們對它產生正面態度，因為如此可以造成更多的熟悉感，讓它們不這麼具有威脅性。

　　除了生物演化之外，還有其他理由可解釋為何單純曝光效應如此具有影響力。兩個主要原因包括古典制約與處理流暢度（Zajonc, 2001）。由於古典制約會在最後一章說明，所以這邊先將重點放在另一個有趣的理論，處理流暢度。

　　◎**處理流暢度：**接下來的請求也許聽起來很奇怪，但是透過這個範例你會更加了解何謂處理流暢度。請利用幾分鐘寫下 12 個你人生當中很有自信的時刻，沒關係，我可以慢慢等。

　　你有寫下來了嗎？如同大多數人一樣，你可能一開始很輕易地就想到一些案例，但是越到後面會發現越難找到新的例子。令人驚訝的是，這個困難度會影響你質疑自己自信的程度。研究學者對受測對象進行了同樣的實驗，但略為不同的是，他們請其中一組列出 12 個例子，另外一組只列出 6 個例子，你覺得當研究人員請受測對象對自己的自信與魄力程度評分的時候，會有怎麼樣的結果呢？你可能以為要列出 12 項案例的受測者群組，會認為自己的自信度較高，結果正好相反，反而是被要求只列出 6 個例子的群組比另外一組給自己更高的自信度評分（Schwarz et al., 1991）。

　　這樣令人疑惑的發現可以用**處理流暢度**來解答，意指我們處理資訊的簡易度以及速度（Reber, Schwarz, &Winkielman, 2004）。如果你們有遵照先前的指示，寫下 12 個你曾經展現魄力的例子的話，就不難發現越到後面就越難想到實際案例，而這樣的困難度導致你心理認為你一定不是這樣的人。你的潛意識在想：「如果你是個常常展現自信的人的話，應該可以輕易想到 12 個生活中的案例，但因為我**想不到**，表示我應該不是這樣的人。」相較之下，只被要求想六個例子的人，可以輕易想出那些例子，所以潛意識會產生相反的態度：「如果我是個有自信的人，我應該可以輕易想出那些例子，正因為我可以輕易想出那些案例，

所以我一定是這樣的人。」

　　我們處理資訊的難度與速度讓我們對此資訊的觀感有極大的影響，包括我們對此資訊的喜好度。一般來說，處理某資訊的速度快的話，會加深我們對那資訊的喜愛，為什麼呢？當我們能夠很快地消化那些資訊，那樣的效率讓我們感覺很好，並且會將這個正面感受歸咎於錯誤的原因。當我們體會到那些正面的感受時，常會錯誤地相信那是因為我們真心喜歡剛剛處理過的資訊，而非因為我們能輕易消化那些資訊（但其實這才是真正原因）。

　　而這跟重複性又有什麼關聯呢？重複性非常具有影響力，並且可以提高處理流暢度，每次我們重複接觸一個刺激，下一次如果再遇到就能更快地處理這個資訊。

　　這就好像滑雪橇滑過積雪覆蓋的山坡，第一次滑的時候，你可能速度會放得比較慢，因為積雪還不夠緊密，但是之後再重複滑的時候，由於積雪變得更加厚實，滑道因此也更順暢後，你滑雪的速度便越來越快（當你滑得越快，你也會越喜歡這個運動）。

　　試著想像以下的狀況，你剛開始寫作文的時候發現你討厭自己的文筆，但是持續寫了幾個小時後，你逐漸對自己的文筆感到滿意，於是決定利用剩下的時間休息，但是等到了明天再繼續的時候，你又開始覺得哪裡不對勁，理由是什麼呢？

　　答案就是處理流暢度。一開始你不喜歡自己的寫作能力，是因為你對寫作還很陌生，導致處理流暢度低。但是到後來比較上手之後，處理能力變得越來越順暢，你開始將這個容易度的原因導向於自己很喜歡寫作。當你休息一陣子後，處理流暢度再度降低，隔天繼續時一切又變得陌生，你的處理能力下降，於是你錯誤地認為這樣的情況是因為自己的寫作能力不好。

　　現在你了解處理流暢度及重複性的影響力，接下來我將說明你可以如何利用這些概念來加強你的說服力。

三、說服策略：利用重複接觸

你該如何利用重複性的優勢呢？接下來的段落將提供幾個建議。

（一）、觸動情境：你對於「船」這個字有多少愉快的感受呢？這好像是個很奇怪的問題，但是當研究人員詢問受測者同樣的問題時，發現了個有趣的現象。請比較以下研究人員在實驗中提供給兩組受測者的句子：

>> 他存了一筆錢並買了一艘船。

>> 驚濤駭浪打翻了船。

研究人員讓受測對象接觸上述兩個句子，要求他們著重於最後一個字（即為「船」），並為自己的愉快程度評分，雖然兩個問題其實是一樣的，但是接觸到第二個句子的受測組對於「船」能讓人感到開心的程度評分較高（Whittlesea, 1993）。

會有這樣的結果是因為概念流暢度，也是其中一種處理流暢度，而這與大腦所能輕易想到的簡易度相關（Alter & Oppenheimer, 2009）。一般而言，大腦能越快想起的概念，通常我們會越喜愛。因為上述的第二個句子用了特別的詞彙來暗示整個情境，如此高的預測性導致這個字能容易進入人們大腦。就因為能被輕易地想起，所以會對這個字產生了愉悅的感受。

頂尖的市場行銷人員每年會花數百萬試圖利用概念流暢度的優勢來提高營收。當我們要在兩個品牌之間做取捨，通常會選擇最容易想到的那一個，如果對兩個品牌的態度都相同，我們會傾向購買較容易想到的那個品牌，因為較高的概念流暢度讓我們感到開心，並會錯誤地將這個感受歸咎於是因為那個品牌的關係（Nedungadi, 1990）。

行銷人員若利用概念流暢度的優勢，並且有策略地將他們的廣告置於可預測的情境下，便可以加強他們廣告的效果。譬如說，如果番茄的廣告出現在美乃滋廣告之後，消費者會對番茄的廣告印象更深刻（（Lee &Labroo, 2004）。美乃滋的廣告會引發消費者對於調味品的想法，如果番茄的廣告緊接在後，便會更加深消費者的印象，也因為較高的概念

流暢度，消費者會對番茄廣告產生更正面的態度。

　　這個技巧又該如何應用在自己生活之中呢？你可以隨意提起與你即將要提出請求相關的議題來增加對方的順從性。與美乃滋廣告類似，一般的主題可以增加目標對於你請求的概念流暢度，如此可使得你的請求更加吸引人。由於目標容易被想起，對方會因為容易處理此資訊而更願意遵從。

　　假設你最喜愛的樂團即將要來開演唱會，你想要說服朋友下個月一起去聽，但是他並不喜歡這個樂團，所以你知道他應該會拒絕你，在這個情況下，不要急著馬上提出你的要求，你可以在接下來幾天不經意地提出看演唱會的想法，在重複接觸到這個想法後，你的朋友會慢慢對演唱會產生正面的態度，當你真正提出要求後，就比較不會這麼抗拒。也因為概念流暢度的原理，陪你去聽演唱會這個想法會逐漸植入他腦中直到你提出要求，他也會錯誤地將這個高度概念流暢度歸因於真心想要去聽演唱會。

　　（二）、利用任何重複性：重複接觸除了影響我們的觀感與行為之外，還可以加強我們的情緒，Monahan、Murphy 及 Zajoncy 在 2000 年讓受測對象潛意識接觸 25 個中文象形文字，每個象形文字只讓他們接觸一次。但是另外一組受測對象只讓他們接觸 5 個象形文字，但是重複接觸多達 5 次。與接觸到 25 個象形文字的受測對象相比，重複接觸較少象形文字的群組表現出較好的心情。

　　之後研究人員要求受測群組評估其他不同的刺激物，包括同樣及相似的象形文字，還有全新不相關的幾何圖形。與只有接觸到同一種類 25 個象形文字的群組，以及沒有接觸任何刺激物的控制組相比，重複接觸象形文字的受測群組因為喜悅的心情給予其他刺激物較正面的評價。結論：光是經歷或重複接觸任何一種類型的活動，是可以提振我們的心情，並讓我們對其後接觸到的刺激物產生正面感受。

　　你是否有注意到本書每個章節的標題都使用了類似的措詞風格？每個標題都盡可能使用六個字（一開始都是動詞），這樣的風格貫穿每個

章節。每當你開始閱讀一篇新的章節時，同樣的措詞風格會讓你在閱讀上比較放鬆，情緒也變得比較舒適，進而增加你對每篇章節內容的好感度。

（**三**）、**創造更強的親密度：**如果你大學教室裡有上百名與你一起修課的學生，在學期結束後你會記得每一位同學嗎？可能不會。雖然你根本不會記得特定的同學，但研究顯示只要與某人有任何相近的特點都可以讓你對他產生熟悉感。

2 位研究人員進行了一項實地測驗來驗證這個說法（Moreland & Beach, 1992）。他們請 4 名女性學生做為假受測者，並分別參與指定的心理學課程數（0，5，10 或是 15 堂課）。這 4 名假受測者被告知不要與其他學生互動，由於上課的教室是在大型演講堂，假受測者也不會被其他學生注意。

學期結束後，研究人員給學生們瀏覽 4 名假受測者的照片，並詢問他們對這 4 名女學生的評價，即使對那 4 名假受測者僅有微弱的印象，學生們認為參加最多堂數的假受測者最漂亮也與自己最相近。即便我們與對方只有薄弱的地緣關係，都可以讓他們認為我們更有吸引力！

你可能在想，**就算人們會喜歡之前接觸過的照片，甚至會認為重複接觸過的人更加漂亮，但是這樣的效應能夠強大到足以影響我們的實際行為嗎？**

好問題。重複接觸，即使發生在潛意識，也可以影響我們的行為。記得之前進行幾何圖形實驗的研究人員嗎？他們又執行了進一步的實驗，讓受測者讀一首匿名的詩，並與其他兩位受測者討論決定寫詩作者的性別為何。但事實上只有其中一位是真正的受測者，另外兩位都是與研究人員合作的假受測者，他們被指示要與另一位假受測者持相反意見，來迫使真正的受測者選邊站。

在討論開始之前，真正的受測對象會重複接觸到以下其中一張照片：空白照片、假受測者 A 的照片、假受測者 B 的照片（與前述實驗類似，這些刺激物出現時間很短，讓受測者幾乎不會察覺）。研究人員想要探

究這些潛意識的接觸是否會影響他們與另外兩位參與者的互動，而結果令人意外。

在接觸到空白照片的受測對象中，約有 50% 同意假受測者 A，另一半則同意假受測者 B，與預期結果相同。而討論開始前接觸到假受測者 B 照片的受測對象之中，有 65% 同意假受測者 B，只有 35% 跟隨假受測者 A 的決定。但是當受測對象在討論開始之前接觸到假受測者 A 的照片時，有 71% 同意假受測者 A，僅有 29% 同意假受測者 B（Bornstein, Leone, & Galley, 1987）。重複接觸不僅會影響我們對目標物的觀感（對方的外貌），也會影響我們的實際行為，這個道理在說服技巧中非常的實用。

第**9**章：減敏負面訊息 OK

　　剛開始寫這本書的時候，為了要示範本章節的概念，我試著在前一章刻意改用特定的字體，並在不同段落小幅改變字體的呈現，直到最後達到一個全新的風格與大小。最初的原稿我使用了 Georgia 10pt，到最後變成 Palatino Linotype 11pt（實際的轉變順序為從 Georgia 10pt、Cambria 10.5 pt、Palatino Linotype 10.5 pt、到最後的 Palatino Linotype 11 pt。）

　　雖然我最終無法完全採用這些字體的轉變，因為中間牽扯到版面的格式、編輯以及出版程序，但這些到底跟本章節有什麼關係呢？

　　當你知道人們會對你的請求覺得反感時，你可以用較小的請求讓對方先習慣，再逐漸遞增為完整的請求，讓對方不至於察覺你真正的意圖。因為文字上的字體改變不會讓人特別注意，所以大部分讀者通常不會發現。但是如果把初始的字體與最後的字體相比較的話，差異便會非常明顯。本章節將會教你在什麼時間點以及為何有這麼多人對某些變化完全忽略，而你又該如何呈現你的訊息，好讓目標也對你訊息的負面內容影響變得盲目。

　　本章節也開始觸及道德的界線，所以我在此呼籲你們使用這些說服手法時務必小心謹慎，我強烈反對任何人採用這些手法來傷害別人，甚至有在掙扎是否要將這一個技巧寫進書裡，但實際上有許多因為掩蓋負面影響而幫助他人的例子（像是說服你的小孩開始喜歡吃蔬菜或是完成他們的作業）。

一、為何有些改變會被忽視？

　　為什麼讀者會容易忽視字體上的變化呢？我們天生就有改變視盲，即為無法檢測到變化的能力，特別是對細微且不在預期內的變化，接下來的段落將會描述改變視盲的三個方面。

　　（一）、**逐步的變化：**首先人們很難察覺逐步增加的變化，有一個概念叫做**最小可覺差**（差異閾限），意指兩種刺激之間能夠讓人們察覺的最小差異程度（Ono, 1967）。

如果你想要的話可以進行一連串的實驗來測試到底差異要到什麼程度才足以讓人們注意到刺激物已經改變。一旦你知道最小可察覺的差異度，便可以將差異調到剛好在「最小可覺差」之下，這樣一來對方就不會察覺你做的微調改變。

之前的用詞聽起來可能有點咬文嚼字，這裡有個例子可以進一步說明。假設你需要提高一個產品的價格，但又不希望這個價格變化引起消費者的太多注意，於是你可以進行一些實驗來測試價格要抬高至多少消費者才會察覺，你便可以將價格調整至接近實驗中得到的「最小可覺差」，這樣子就可以減少注意到你新價格的消費者人數。

但如果你沒有辦法去測試最小差異程度的話，你還是可以憑直覺利用差異閾限的優勢，與其提供訊息的負面影響，你應該試著以遞增的方式，讓目標慢慢「習慣」你的訊息。

如果我將上一個章節的文字從 Georgia 10pt 立即改為 Palatino Linotype 11pt 的話，幾乎所有讀者會立刻注意到，因為兩種字體的差異性太明顯了。但若是從細微的地方慢慢調整，人們可能不會馬上察覺，因為調整程度還沒有超過他們的差異閾限。

（二）、並排比較：另外一個改變視盲的方面是初始與新的刺激物放在一起的比較。如果人們可以將兩者並排比較的話，那麼其中的差異就很容易被注意到。

在上一個章節，你可以將每個段落並排比較，所以少量的微調在這裡非常重要。相反地，如果每個段落在你讀完後都如魔術般的消失了，那麼字體的改變就如同偽裝術一樣更不容易被發覺了，因為你根本沒有參考點可以與新的段落互相比較字體上的改變。

研究學者 Simon 與 Levin（1998）的實驗顯示當我們無法進行並排比較時，能夠偵測到差異的可能性有多低。實驗裡研究人員隨機向路人問路，有兩個配合的工人扛著一個體積非常大的畫走在他們中間，並且在路人的不經意下，其中一名工人在畫的背後和問路的研究人員換了位置，此實驗的目的是要探究有多少路人會沒有發現問路的人已經不是同

一人，而且能持續對話。

　　要不要來猜一下大概有多少人完全無視跟他們談話的是一個完全不同的人。5%？10%？15%？都不對，而是有一半的路人都沒發現他們在跟完全不同的人對話！當我們無法將新的與原來的刺激物做比較的時候，能夠察覺差異性的能力便大幅減低。

　　但你接下來將會學到，還有另一個原因促使人們無法注意到這些看似顯著的差異。

　　（**三**）、**期望：**人們沒有注意到他們是在和不同的人談話，部分原因是他們並無預期到這樣的情況會發生。

　　還記得第 2 章的練習，大家都忽略了句子中多了一個字「我們的大腦可以是個個謎」？因為大家預期那句只會有一個「個」字，所以這個期望固定了我們的觀感，讓我們忽略了那個差異，同樣地被問路的路人只有想到跟研究人員正在進行一般的對話，這樣的期望讓他們忽略了突如其來的改變。

　　讓我們來看一個綜合以上三個面向的改變視盲案例。上述的三個原因，逐步改變、並排比較以及期望都可以解釋市面上神奇的洋芋片包裝袋。這些洋芋片剛上市的時候不是都很大包嗎？它們之前的確是，那為什麼我們會忽略這些包裝袋體積變小了呢？

>> 第一個原因是廠商慢慢地將包裝的大小縮減，但因為這個調整很細微，所以多數人沒有察覺。

>> 其二，除非有些人收藏了一系列同樣的洋芋片包裝在家裡（我假設應該僅有少數人有這樣的興趣，但你永遠也不知道……），否則無法放在一起與新的包裝互相比較。

>> 第三，廠商通常會避免從消費者最容易發現的地方開始著手，也就是價格。雖然我們時常會去注意某產品的價格是否有變化，但卻不會預期包裝大小的改變，所以廠商可以利用這點來分散我們的注意力。

　　現在你了解在什麼時間點以及為什麼我們會忽略某些改變，接下來

你們將會學到如何應用這些原理，讓你的目標不會察覺到你訊息裡的負面內容。

二、說服策略：減敏負面訊息

接下來將會教你如何利用改變視盲來影響你的目標接受或遵從特定請求，即使他對你的請求感到反感（父母說服孩子吃蔬菜）。

（一）、系統減敏法： 在某些情況你的說服目標可能對你的訊息會有些反感，你可以藉由系統減敏感法來讓目標習慣你的訊息。這些方法大多用於治療用途，也就是以階段性的方式讓病患接觸，導致他們焦慮程度低至高的刺激，來幫助人們克服恐懼症。

讓我們來以「小彼得」做為案例，一個害怕兔子的兩歲小男孩（Jones, 1924）。為了幫他克服恐懼，一位研究人員將一隻兔子放在房間另一端，同時給了他一些糖果（可以造成愉悅反應的刺激物），因為兔子距離小彼得還很遠，所以糖果帶來的正面感受暫時戰勝兔子所帶給他的焦慮感。這個過程在接下來兩個月不停地重複，每一次實驗研究人員都會將兔子放在越來越靠近小彼得的地方，兩個月過後小彼得對於兔子存在的敏感度逐漸降低，對於兔子的懼怕也完全消失。

你有沒有一些想要克服的恐懼呢？系統減敏法也適用於成人。在某一個案例研究中，研究人員說明他們要如何讓一位女病患先接觸讓她感到焦慮的蜘蛛相關事物來幫助她克服對蜘蛛的恐懼（Carlin, Hoff man, & Weghorst, 1997）。在這幾個月，他們開始先討論有關蜘蛛的話題，再來讓她接觸蜘蛛的照片、蜘蛛玩具，甚至蜘蛛的虛擬實境，治療過程結束後，他們成功地幫助女病患戰勝了對蜘蛛的恐懼。

那真是太棒了，尼克。但是這跟說服又有什麼關係？我很高興你問了這個問題。還記得我提到父母可以利用這個方法來說服孩子愛上吃蔬菜嗎？如果你的小孩喜歡某道料理，而那道料理可以輕易地讓你加些蔬菜進去，下次你在做這道料理時就可以放進適量的蔬菜，只要加微量的蔬菜，你的小孩下次吃這道料理時就不會東問西問的了。

每一次你做這道料理時，都可以再多加一點蔬菜進去，因為你的孩子無法與上次吃完的料理做比較，他們不會注意到你比上次加了多一點蔬菜進去，他們甚至會回想到上次這道料理加了一些不知名的材料進去，但他們還是很喜歡，於是便傾向於維持和原來的態度一致，這次也仍然會持續享受這道料理。

你可以在接下來幾個月持續同樣的過程，直到你的小孩終於發現你有放蔬菜進去，但是當他們發現這幾個月來自己並不排斥這道加了蔬菜的料理，研究顯示他們會有更高意願繼續食用這道料理（Lee, Frederick, & Ariely, 2006）。

總而言之，如果想要人們對原先會反感的東西產生正面（或是中立）的態度，你可以「減敏」你的訊息來讓目標逐漸習慣。以下的原則會讓效果會更為顯著。如果：1、改變是以階段性逐步發生；2、你的目標無法並排比較；3、此改變不在目標的預期之中；4、將他們反感的刺激物與他們喜愛的刺激物結合（例如糖果與兔子的結合，喜愛的料理加一點蔬菜進去）。

三、讀心者的觀點：減低人們對巧妙手法的敏感度

在我將自己正式頭銜改為「讀心者」之前，過去五年我都以「魔術師」的身分做表演。在那期間我接觸到魔術師試圖以巧妙的手法避過觀眾雙眼的招數不計其數，其中一個普遍的招數就是降低觀眾對於手勢的注意。

請把你自己想像成我。你正在舞臺上表演讀心術，試著要將一個特定想法植入至某位觀眾的潛意識內，但由於一個聰明且細微的問題，你發現你的意圖失敗，但你是一位很倔強的讀心者，不想承認失敗，所以還是要想辦法假裝你仍然知道那位觀眾在想什麼。

於是你決定採用計畫 B。這個計畫的目的是要讓目標自己將他們的想法說出來，而你在不被他人察覺的情況下，將他們說的寫下來放進你的口袋內，如果你可以偷偷地將觀眾說的寫下來，便可以利用巧妙的手

法來將那張紙換成一開始就給觀眾看的那張，這樣就表示你其實一開始就知道那位觀眾在想什麼，你手上仍握有奇蹟。

但是有個問題，如果你隨意將你的手放進口袋內，可能會引起觀眾的注意，那樣會毀了計畫 B。那又要如何隱藏這個動作呢？你可以藉由頻繁地將手放進口袋內來降低觀眾對此動作的敏感度，這樣你在寫下觀眾的想法時，臺下的觀眾就不會注意到你口袋內的手，不過這樣的技巧需要反覆練習，而這也是許多讀心者必經的一個考驗。

這樣的示範如果是在網路攝影機前會容易得多，因為你根本不需要擔心口袋的問題，就直接在你面前的桌子上寫下來就好了。事實上如果技巧純熟的話，你可以透過網路攝影機讓鏡頭前的觀眾嚇一跳，並且建立一隻病毒影片（提示：我的影片「聊天輪盤讀心術—— Part 1」）。

四、現實生活應用：家族旅行（Part 2）

還記得去迪士尼樂園的家族旅行計畫嗎？你省吃儉用的老公對於你的提議仍持觀望態度，於是你決定讓他習慣你的請求，來將情勢轉為對你有利。

你刻意將旅行的手冊、明信片及其他相關的廣告宣傳單「遺落」在家中各處，這些廣告宣傳單會不停地提醒你老公度假的想法，進而被家族旅行的計畫給吸引，你已經學到潛意識接觸到刺激會比有意識接觸來得更有效，如果你老公沒有意識到這些廣告的暗示，那麼單純曝光效果也會加強他對旅行的印象。

這些重複接觸也會加深你老公對於旅行的概念流暢度。當你下次再提議的時候，他會因為頻繁接觸到這些而更加深對旅行的想像，他便會誤認為他真的也很渴望這趟旅行。

在你讓這些旅行的廣告宣傳單遺落在屋子角落的一到兩周後，你再次詢問他對於旅行提議的看法，這次你老公態度傾向贊成，但還需要一點時間來考慮，可惡，你又再一次地說服失敗，不過別氣餒，我們還有許多技巧還沒用到，之後會再一次回到這個示範情景。

第**5**步 | 優化訊息內容

請求之前	第 **1** 步	**M**	塑造對方看法 Mold Their Perception
	第 **2** 步	**E**	引導一致態度 Elicit Congruent Attitudes
	第 **3** 步	**T**	觸發社會壓力 Trigger Social Pressure
	第 **4** 步	**H**	讓對方習慣訊息 Habituate Your Message
請求之際	第 **5** 步	**O**	優化訊息內容 Optimize Your Message
	第 **6** 步	**D**	提高對方動力 Drive Their Momentum
請求之後	第 **7** 步	**S**	維持對方順從性 Sustain Their Compliance

概要 | 優化訊息內容

太開心了！我們終於要提出請求了。讓我們重新溫習一下之前所學到的四個步驟：

>> 首先，你要透過誘導、設定錨點及期待值來塑造目標的心態，這樣可以幫助你觸發對方較正面的觀感。

>> 接著你要改變目標的肢體語言及行為來反映對方會遵從你的請求，迫使他們產生一致的態度，如此一來你的目標會變得為了要維持一致態度，所以傾向答應你的請求。

>> 第三，你必須強調社會標準並建立緊密的人際關係，讓你可以施加更多壓力在你目標身上。

>> 第四，你讓目標重複接觸訊息，並且減少訊息內讓他們感到反感的部分，好讓他們習慣訊息的內容，直到目標越來越熟悉你請求的議題後，他們答應的可能性會更高。

METHODS 接下來的步驟便是要教你如何適時適當地提出你的請求。特別是你將會學到人們在不同的場合會如何解讀你的訊息，以及你該如何調整訊息的內容，好讓對方能夠朝你要的方向來評估訊息。

第**10**章：改變對方評價 OK

某天早晨你拖著沉重的步伐去上班，前一晚你都為了讓新老闆對你印象深刻而拼命修改月報，你的辛苦獲得了回報，對於修改的內容你感到很滿意，而且有自信你老闆會認可並感激你的辛勞。

進公司後，你直接走進老闆的辦公室，帶著微笑將月報放在她的桌上，但讓你氣餒的是，她僅是拿起報告隨意翻了幾篇，就把報告還給你並簡單地說了一句：「謝謝，看起來沒問題。」你徹夜修改，但是老闆就這樣瞄了一眼而已，於是你帶著失望的心情回到座位，試著與瞌睡蟲奮戰。

幾個星期後，下個月的月報完成日期就要到了，但你不會再犯同樣的錯誤，既然你老闆都只是花個幾秒隨意瀏覽，為什麼要多花精神在月報上呢？所以這次你只花了半個小時就完成了差強人意的報告，然後準時下班了。

隔天早上你走進老闆的辦公室，將報告放在她桌上，可是出乎你的意料，這次你老闆竟然要仔細審閱，並告訴你下午要跟你討論月報的內容，你又再一次帶著沉重的步伐及糾結的心情走回座位，因為你知道老闆對你工作能力的評價可能很不巧地就會栽在這一次。

無論情勢對你有利還是不利，人們在不同情況下會對訊息有不同的評估。本章節將會教你兩個基本評估訊息的方法，以及如何於適用狀況下觸發對你最有利的評估法。

一、兩種評估訊息的方式

我們評估訊息的基本方式有兩種：系統式及捷思式訊息處理（Chaiken, 1980）。

（一）、系統式訊息處理：當老闆在分析並審閱報告時，她就是在利用系統式處理法，也就是需要花精神去仔細分析並評估訊息。當我們在使用系統式訊息處理時（也是通往說服的中心路線），我們通常會被訊息的內容及爭議點給影響，你是否曾經：

>> 隨意買了一棟房子？

>> 骰骰子在地圖上來決定你下一個旅遊地點？

>> 根據外貌決定為你動腦部手術的醫生？

　　當然不會。以上這些情況你會事先做好功課，並且謹慎衡量所有細節，再做出最明智的決定，但是接下來你將會知道，我們並不是一直都這樣。

　　（二）、捷思式訊息處理：當老闆隨意翻幾頁報告，她就是在利用捷思式訊息處理法，一種簡易快速評估資訊並做出決策的方式。當我們使用捷思式處理法時（通往說服的支線），我們會傾向被簡單、不相關以及「周邊」的提示給影響，像是：

>> 微量的資訊或協助

>> 訊息的呈現方式

>> 提供訊息的人（譬如對他的好感度、吸引力或預期的專業度等等）。

　　這些周邊資訊並不全然與訊息的強度相關，但是人們常會使用這些「快捷法」來加速做出對於整體訊息的評價。

　　現在你們知道系統式及捷思式訊息處理的差異性，下個段落將會說明兩個因素決定在哪些情況下傾向使用何種評估方式。

二、決定訊息會如何被評估的兩個關鍵

　　說服領域的兩位主要研究學者 Richard Petty 和 John Cacioppo（1986）發展出一套深思可能性模式來解釋訊息會如何被解讀的關鍵因素（無論是以系統式還是捷思式）。接下來將會介紹他們研究裡面兩個重要的發現：動機和評估能力。

　　（一）、動機：第一個關鍵是對方評估你訊息的動機。如果目標有很高的興趣，通常會傾向使用系統式處理法來評估你的訊息，但如果目標對你的訊息興趣不大，則會傾向使用捷思式處理法。

　　這好像是個很簡單的結論，但到底是什麼原因決定對方的興趣呢？最重要的原因可能就是對方對你訊息所預期的重要性，如果目標認為你的資訊很重要，便會有更多的興趣（更高的動機）要評估你的訊息。

就拿本書做為例子。當大家讀到《就靠這招說服你》的銷售描述時，你覺得多數人用哪一種訊息處理方式呢？是系統式還是捷思式呢？雖然我知道大家都會很仔細地閱讀本書的描述，但是其他因素維持不變的話，我想大家會利用快速又不花腦筋的處理方式來決定是否購買本書。為什麼呢？因為大部分的人不會把購買書籍作為生命中的重要事件，就算買錯了也不會有太嚴重的後果（或是根本不買）。所以與其小心翼翼地評估各種說明或是花時間查詢網上資料，他們會憑著不相關的因素來做決定，像是關於本書正面評價的多寡或是我的受歡迎程度。

有些人可能會質疑我剛才的說法，因為你之前還是有審慎評估過後再買書的經驗。雖然與我說得有些差距，但你要記得那樣的情況（買書）並不會決定你如何評估那些訊息，終究的原因在於你當時買書的動機。這或許是最微不足道的可能性，一旦某人的動機強烈到會去評估相關的訊息，他就可能會使用系統式處理法。

（二）、能力：目標是否有能力去評估訊息是第二個決定因素。這個部分我們會就目標的能力以兩個方向討論：目標的心智能力以及評估機會。

1、心智能力：第一個評估的能力與心智能力相關，這與一般智力不同。如果我去參加一場主題為超對稱量子力學的演講，我絕對不知道講者在說什麼。但那表示我很笨嗎？不是，那只是表示我對那個特定主題不夠了解。在這樣的情況下，你肯定覺得我會依賴周邊的資訊（講者的自信或是演講風格）來判定演講內容的準確性和精采度。否則我要怎麼在我不懂實際訊息的狀況下來評估這場演講呢？因為在這樣的場合下我的心智能力太低，導致我無法利用系統式處理法，於是只好利用周邊訊息來衡量這場演講。

2、評估的機會：第二個關於目標的評估能力與外在的限制有關。如果你的目標沒有時間或是有其他因素分散注意力的話，她就有可能依賴周邊訊息來加速她的評估，像是對你的好感度或是外貌。也許你的老闆在審閱你第一份月報的時間很趕，所以僅根據了你自信的態度便輕易

決定了月報的內容品質。像這樣利用不相關的提示就簡單決定報告內容，比起花時間實際消化要來得快速多了。但也許在審閱第二份月報的時候，你老闆的時間很充裕，所以有更多機會來好好閱讀裡面的內容。

三、說服策略：改變對方評價

前一個部分說明了動機與能力是影響人們評估訊息的兩個關鍵。當目標的動機與能力低的時候，會傾向仰賴周邊提示來判斷你的訊息（爭議點多寡、呈現方式、他們對你的觀感），反之當目標的動機與能力高的時候，目標會盡全力針對內容的爭議點來做為評估依據。

這個步驟將會教你兩個借用這個知識的說服策略：

（一）、改變目標的動機或能力來確保他們對你提供的訊息抱以正面的態度來評估（如本章節所說明），或者是……

（二）、利用你在之前說明的關鍵因素所學到的知識來預測目標會如何處理你的訊息，以便適時的調整訊息內容（將於下一章說明）。

在第一個說服策略中，你可以調整之前所學到的決定因素來確保目標以你期望的態度來解讀訊息（無論是以系統式還是以捷思式訊息處理方式）。

如果你的請求訊息內有任何強烈的理由，你應該要確保他們是以系統式訊息處理法來評估訊息。相反地，如果你認為你的理由很薄弱，情勢或許會對你不利，不用擔心……你還是有機會！如果能讓目標以捷思式訊息處理法的話，就可以讓她會將焦點放在你訊息薄弱的那一面，而鼓勵目標用周邊的訊息提示來協助他們做出決定。

四、如何觸發系統式訊息處理法

有許多方法可以改變目標的動機與能力並促使他們使用系統式訊息處理法。接下來將介紹兩個方法做為案例：引起對方注意以及提高你訊息的關聯性。

（一）、引起對方注意：人們的大腦總是以自動駕駛模式在運作。你是否根本沒有注意聽行銷人員的說話內容就掛掉他們的電話呢？當你向對方說出請求時，他們時常立即拒絕你的請求，因為這是他們的習慣反應。

如果你想避免對方直接拒絕並鼓勵他們仔細評估你提供的訊息，就得先成功引起他們注意，如何做到呢？有以下三種簡單的技巧可以抓住對方的注意力：

>> **給他們咖啡因：**等一下，咖啡因？你預期我怎麼做？在提出要求前問他們要不要一杯咖啡嗎？為什麼不呢？反正也沒差。研究顯示咖啡因能大量提高對方使用系統式處理法的可能性。在一項實驗中，研究人員讓受測學生接觸自願安樂死的話題，一個讓所有學生都反對的論點。但是事先喝下含有咖啡因飲料的學生比沒有飲用咖啡因飲料的學生來得更容易被說服（Martin et al., 2007）。如果情況允許的話，你可以讓目標先喝下有咖啡因的飲料，確保他們能以更明智的態度分析你的訊息（或許可以帶你的客戶去咖啡店，邊喝咖啡邊討論企劃提案）。

>> **加強訊息視覺效果：**如果情況不允許你請他們喝咖啡因飲料，研究也顯示美化訊息同樣可以引起對方的注意，進而鼓勵他們多去注意實際的內容（MacInnis, Moorman, & Jaworski, 1991）。你應該有看過電視上播放著視覺效果強烈的廣告來引起觀眾的注意，一旦那些廣告抓住你的目光，你會認為它們可能含有重要或是吸引人的內容，於是有較高的可能會去多注意那則廣告。

>> **顛覆傳統技術：**最後一個可以抓住目標的注意力就是顛覆傳統技術。與其單純地直述你的要求，你可以用出奇不意的方式呈現你的要求來讓目標跳出自動駕駛的思考模式。為了測試這個說法，研究助理偽裝成街友並跟路人要 17 分美元、25 分美元、37 分美元或是任何零錢。有趣的是當這些所謂的街友要的金額很少見的時候（如 17 分與 37 分），反而收到的錢會更多，因為這些路人

每天都被自動駕駛模式在操控著，但面對較特別的要求時會被迫去花時間評估，而非想都不想就拒絕（Santos, Leve, & Pratkanis, 1994）。

（二）、增加個人關聯性： 除了吸引目標的注意之外，加強與目標的關聯性也可以讓他們多花時間評估你的訊息。如果你的目標相信你的訊息會影響到他們，無論是正面或是負面影響，他們都更有可能去注意你訊息的內容（Petty & Cacioppo, 1990）。

其中一個基本的技巧便是解釋你訊息的後果，特別是要用激動的語氣。譬如說一則傳遞安全駕駛的廣告如果能讓觀眾看到滿是鮮血的受害者，會比一些無聊透頂的安全測試內容要來得有效用。（Rogers & Mewborn, 1976）。除了解釋後果之外還有其他的方法，以下的三個方法你可以用來加強訊息對目標的關聯性：

>> **使用第二人稱代名詞：** 相關研究顯示利用「你」這個字於廣告中可以大幅提升說服效果。例如當消費者在評估計算機的廣告時，相較於使用中立的角度（像是「如果發生錯誤……」），使用第二人稱（如「你知道計算機技術……」、「你可能記得……」），他們會較容易對廣告產生共鳴及認可（Burnkrant & Unnava, 1995）。

>> **說故事：** 你是否曾經想過為什麼電視廣告商要透過故事或是人物／演員自述來傳達產品的優勢呢？為什麼不直接說明產品的好處就好了呢？當觀眾看到自述性的廣告時，他們會與廣告裡的角色產生連結（特別是如果覺得自己與角色有相似之處），並且想像自己在生活中開始使用廣告產品（Deighton, Romer, & McQueen, 1989）。

>> **使用反問句：** 你想知道為什麼我在本書問了這麼多反問句嗎？好比我現在問的這一句。我喜歡利用反問句是因為那些問題能激發更多的個人相關性。當學生被問及有關高年級生綜合考試的爭議時，如果問題使用反問句，他們比較容易被說服（像是

「你不贊成……嗎？」、「……不是真的嗎？」），因為這樣詢問的方式會隱約讓學生們聯想到自己的生活（Petty, Cacioppo, & Heesacker, 1981）。

現在你知道如何提高對方的動機與能力，來促使他們能更深入地評估你提供的訊息，接下來我將說明如何減低他們的動機與能力，好讓他們以快捷的方式來衡量你的訊息。

五、如何觸發捷思式訊息處理法

如果你訊息的理由非常薄弱，你需要引導對方使用捷思式訊息處理法。應該怎麼做呢？可能比你想得還要簡單。想像你的目標是一個電腦程式，她的預設值為捷思式處理法，也就是說如果你不去刻意提高她的動機或是能力，她會自動以最快捷的方式去評估你的要求。但如果你想進一步確保她的行為，你可以執行一些技巧來讓目標不要去使用系統式處理法。這些技巧包括增加訊息複雜性、提高目標情緒，以及激發目標的反應。

（一）、增加訊息複雜性： 提到說服別人時，我們通常會希望訊息越清楚越好。但令人意外的是有時候這並非是最好的方法。在某些情況下增加訊息複雜性反而能提高說服力。這樣的理論足以解釋比起使用容易讀的字體的廣告，使用較難閱讀的字體更能讓消費者有購買高級起士的慾望（Pocheptsova, Labroo, & Dhar, 2010）。

如此弔詭的結論可用處理流暢度來說明。記得人們常會誤把對訊息內容的好感度歸因於訊息處理的容易度與速度嗎？被要求寫下12個他們曾經有魄力的例子的受測者，認為自己其實自信程度並沒這麼高（與只要寫下6個例子的群組對比），因為他們錯將自己的自信程度歸咎於無法產出這麼多相關經歷。

當消費者看到特定產品的廣告，像是高級起士的時候，也犯了類似的錯誤。如果廣告中所使用的字體很難讀的時候，他們購買的可能性會增加，是因為他們會將字體閱讀的困難度歸咎於其產品的特色，讓此產

品顯得更有吸引力。但如果廣告是在主打一般起士的話，那樣的效果便會消失，如果廣告用的是輕易可以閱讀的字體，比較能刺激消費者購買一般起士的慾望，因為可以輕易處理訊息的感覺會讓他們有熟悉感。

　　處理流暢度和訊息複雜性亦能加強對其他事物的觀感。讓我們來參考一個申請碩士班的線上諮詢服務的研究。相較於黑色字體搭配白色背景的網頁（容易閱讀），使用淺藍色字體搭配白色背景（不易讀的介面）的網頁會讓諮詢的學生覺得此服務更有價值也更願意支付一年份的訂閱費，學生們也會因此對諮詢服務有更高的評價，因為他們將難以閱讀的介面與申請碩士班的困難度相連結，於是讓他們覺得自己更需要參加這項線上諮詢服務（Thompson & Chandon Ince, 2013）。

　　如果你希望目標覺得你的產品很特別或是你的服務內容的難度很高的話，便可以增加訊息的複雜性來建立這種觀感（如不易閱讀的字體）。將你的訊息以不易處理的格式呈現可以降低他們的動機與能力，促使目標依賴其他不相關的因素，像是處理流暢度來評估訊息。如果可以維持視覺效果強烈的訊息，同時降低處理流暢度，就可以讓消費者覺得你的產品很獨特，或是服務內容很困難的觀感（自然也會提升產品的價值）。

　　（二）、提高目標情緒：另外一個可以降低對方評估訊息的動機是情緒。一般而言，沉浸在快樂情緒的人比較不會批評訊息內容（Bless et al., 1990）。

　　當我們在正面情緒的時候，通常會有一種天真的樂觀。其中一個造成經濟泡沫的原因便是非理性繁榮，這是由前國會準聯會主席 Alan Greenspan 所發明的名詞。就在 90 年代的網路泡沫時期，網路公司的股價在幾年內瞬間飆漲，已經到了那些公司的實際經濟都無法支撐過度膨脹的股價的程度。當股市價格持續增長，人們會產生一種所謂的過分樂觀與非理性行繁榮的心態，這些正面的情緒以及從中的獲利導致他們有一種錯誤的假設股價會持續上漲，讓他們變得盲目而看不到經濟泡沫在即，也因此銀行帳號也隨之消失。

　　與正面情緒不同的是，負面情緒會造成更強烈的懷疑感。當人們在

負面情緒時，他們會假設訊息一定哪裡有問題，這種不確定感會讓他們鉅細靡遺地分析訊息內容。研究更證實了人們的正面情緒會被訊息中的強烈與薄弱爭議點給影響，相對之下人們的中性或是負面情緒只會被強烈的爭議給影響（Mackie & Worth, 1991）。

如果你希望目標能以較快捷的方式處理提供的訊息，或是如果你的請求本身性質就很冒險的話，首先你應該讓目標的情緒先開心起來，他就比較有可能會產生樂觀的態度，於是會有更高意願答應你的請求。

（三）、**激發目標的反應：**別想歪了！這裡所講的「反應」跟「性」一點關係也沒有，但是這種激發的反應是可以促使人們使用捷思式訊息處理法。

要了解這種反應，你必須先學會另一個概念。身為人類，我們總認為對於自己的情緒和感覺有充分的掌握，我們也相信所有的情緒種類，悲傷、刺激、害怕等等，都可以在我們身上產生不同的感覺，但有趣的是許多情緒可以產生同樣的生理反應。

如果這些情緒可以產生同樣的生理反應，為什麼我們的感覺如此不同呢？Stanley Schachter 和 Jerome Singer 提出情緒二因論來解釋我們解讀情緒反應的兩個步驟。我們首先會對刺激感受到一般的生理反應，這樣的「感受」通常會讓我們的心跳加速、呼吸急促、手心冒汗，以及其他與腎上腺素升高的症狀。我們接著會檢視情況來解釋為何產生那樣的感受，於是再將這些反應與適當的情緒連結起來。

試著想像兩個情境。第一個情境是你在一個危險的城市，深夜走在巷子內，忽然在黑暗之中有一名拿槍的男子要你把身上所有的錢拿出來。在這樣的情況下幾乎所有人都應該會感到一股強烈的反應，心跳與呼吸加快、手心冒汗等等。

而在另一個情境下，假設你剛買了一張彩券，正坐在家裡等著開獎，節目主持人宣布中獎號碼，你忽然意識到自己的號碼全中，獲得了五千萬的獎金，你的身體會有什麼反應呢？你可能也會感到心跳與呼吸加快、手心冒汗，這跟你被搶劫時的症狀一模一樣。

雖然被搶劫與贏得彩卷獎金是截然不同的情境，但是卻可以產生同樣的生理反應。Schachter 和 Singer 主張這些情緒的感受非常不同（雖然生理反應相同），因為我們會視環境與情況來解讀這些反應。第一個情境我們意識到自己被搶劫，於是將這些感受歸類於懼怕，但是在第二個情境下，我們剛贏得了大筆獎金，故將這種高漲的情緒歸類於興奮。下一次你要做一些會產生恐懼的行為時（公開演講），你可以將自己的感受歸類於興奮來減輕你的焦慮。

　　除了可以説服你自己之外，這個感受如何幫你説服他人呢？研究顯示激起這樣的反應對激發捷思式處理法極為有效。透過運動被激起情緒反應的人更容易被名人背書所影響（Sanbonmatsu & Kardes, 1988），如果你希望朋友幫你忙，可以考慮在每周一次去健身房的時機請她幫忙，請記住這個概念，因為我們在最後一個章節會再度回到這個議題，並且介紹一些相關的説服方法。

　　現在你知道該如何觸發有利於你訊息評估的方法，下一個章節將討論相反的面向：如何調整你的訊息來配對特定評估。

第**11**章：調整訊息內容 OK

　　前一章提到你可以改變對方的動機與能力來觸發對你訊息最有利的評估方式。雖然是個很有效的策略，但並不是每一次你都可以改變人們對你訊息的評價，難道這樣就沒轍了嗎？當然不是，你可以預測對方會使用哪一種訊息處理方式（衡量對方的動機與能力），再適當地調整訊息的內容來配合那樣的方式。由於之前已經解說過相關的心理學原理，本章將直接說明實際的說服策略。

一、說服策略：調整訊息內容

　　策略的整體概念：如果知道說服的目標會用系統式處理法，你就應該要專注於加強你的論點；如果他們也會使用捷思式處理法，你則應該將重點放在周邊訊息。接下來所列出的實戰策略將會協助你達到這兩個目的。

二、如何為系統式處理法調整訊息內容

　　不同於捷思式處理法可透過許多不同的面向來提高其使用率，系統式處理法只能透過一個主要的面向來提升：訊息的強度。

　　如果你預估目標會很積極且有很高的能力來評估你的訊息，你就必須要著重於建立強而有力的論點，但若你無法拿出能讓人信服的論點的話，你有兩個選擇。第一，你可以使用前一章所學到的說服策略，像是降低目標的動機與評估能力（如降低個人相關性或不要引起他們的注意等），如此目標就會以較簡單的方式評估訊息內容。另外一種選擇就是加強你的論點。還好有一些簡易的調整方法讓你可以加強訊息內容的觀感。接下來將重點放在兩個技巧：提出雙面論點以及注意論點順序。

　　（一）、提出雙面論點：與我們目前看法矛盾的是，提出一些關於訊息的負面消息其實對你有所幫助。研究指出雙面論點（包含正面與反面的論點）有利於態度與行為上的改變（Rucker, Petty, & Briñol, 當一則訊息只有正面的內容時，人們會認為好像在刻意隱藏什麼，讓他們對訊息有所懷疑。相反地，一則內含些許負面資料的訊息較能得到大家

信服，因為他們會覺得訊息很完整。所以當情況允許時，最好也提供一點負面資訊（還要準備好論點來應對），因為大家會假設你有顧慮到此議題的正反面，因此也更能獲得他們的同意。

（二）、注意論點順序：在某些情況下，你會提供數個論點來證明你的訊息（學校作文、企劃提案）。為了將訊息的注意力達到最高，你必須要妥善地安排論點的呈現順序。

記得第 2 章所提到的初始效應嗎？這個理論說明了為何人們剛開始接觸的內容會影響之後對內容的觀感，而另一個效果也能達到相似的結果稱作「新近效應」，也就是以呈現順序來說，人們會傾向記得最後接收到的訊息（Murdock, 1962）。我們來看看要如何運用初始與新近效應來排列論點的順序及加強訊息的效能。

將有力的論點置於第一和最後。不管你是要完成一篇學校作文，修飾業務提案，還是單純列出為何目標應該要接受你的請求的種種理由，你都應該要將最有力的爭議點放在第一和最後的位置。這些論點將會因為初始和新近效應占有較重的影響力。

這個建議也適用於當你的表現要與其他人互相競爭的情況（才藝秀、工作面試）。你可以試著排在隊伍的第一或是最後一個位置來讓你的表現顯得較為優異，這是因為概念流暢度的原理，使得這兩個位置對你極為有利。當評審選出優勝者時，第一位及最後一位參選者會讓他們最容易記住，使得他們誤以為自己對這些參選者印象深刻是因為他們卓越的表現，如果評審比較容易記住你的表現，就有可能產生你的表現比其他人更好的感受。

假設你正在為工作面試排時間，而你知道人資專員今天一整天都會進行面試，為了提高你被聘用的機會，你應該將面試排在一大早（希望是第一位候選者）或者是下午較晚的時間（在所有候選者之後），因為在這兩個時間點面試的候選者比較容易讓人記住，也會讓你在他們考慮適用人選的時候更記得你的表現。

那麼第一個和最後一個排序效果是否相同呢？還是其中一個的影響

力比另外一個更為強大呢？如果你是個專業的說服家，並且希望能更進一步運用這個策略，假使目標必須立即要做決定，應該要將你最有力的論點放在最後。為什麼呢？因為當他要做決定的時候，你的論點還停留在他的工作記憶中（Miller & Campbell, 1959）。相反地如果目標要過一段時間才做決定的話，你應該先說明最有力的論點，因為以長期來說初始效應更具有影響力。

　　拿前一個工作面試舉例，假使你知道公司很快就要決定錄取誰的話，你應該將面試排在下午晚一些的時間（因為新近效應以短期來說更有效）。但如果你知道公司要一段時間之後才會做出決定，那你應該盡早安排面試，因為初始效應會隨著時間發酵而更加有影響力。

　　（三）、將較薄弱的論點置於中間：還記得我說過加一點負面資料其實是有幫助的嗎？如果你採納我的建議的話，你可以把這些負面資料放在整個訊息的中間區段，這樣不僅能讓你的整體訊息感覺更全面，那些負面的部分也能低空飛過目標的檢視雷達。

　　負面資料或是證據不足的論點絕對不可以在一開始就先提供，這個說法是根據一個有潛在危害的理論稱為預防接種效應（McGuire, 1964）。當醫生給你打針（接種疫苗）的時候，你通常會有輕微感染或生病的症狀來幫助你身體建立免疫抗體。同樣的原理也適用於說服別人。如果我們一開始就接觸到薄弱的論點，我們便在初期就產生抗拒的心態，對未來提出的論點會產生更多的抗拒，即便這些論點可能對我們非常有利。當我們一開始就拒絕某個請求，之後會產生說服的「抗體」來幫助我們更輕易拒絕之後的各種遊說。所以你應該在第一時間就試圖建立好印象，因為一旦這個印象已確立，之後就很難再更改了。

三、如何為捷思式處理法調整訊息內容

　　我們使用許多不同類型的快捷訊息處理法來評估接收的訊息，但大多數都與你或是你的訊息相關。接下來我們將介紹一些人們常用的捷思處理法以及你可以如何加強這個效果。

（一）、**目標對你的看法**：有一晚你在酒吧內，一名喝醉的男子大聲喧鬧著世界末日即將來臨，雖然聽起來很可怕，但這句話應該還不至於嚇到你。但是假設場景轉換，你不是在酒吧內，而是電視上一位知名的科學家宣稱世界末日即將到來，同樣的聲明，但是你卻會因為這個人所說的話而感到恐懼。

對於訊息傳達者的觀感是一個很強大的評估依據，人們可能因此而立即接受或是拒絕某個特定的訊息。我將說明兩個強大的思考依據：權威性與吸引力。

1、**權威性**：如果有人要你給一名無辜的路人施予強大的電擊，你會照做嗎？那如果提出請求的人身穿實驗室的白袍呢？你的做法會不會有所不同？在一個心理學歷史上具有突破性且充滿爭議的實驗中，Stanley Milgram 發現這個因素可以造成驚人的差異（Milgram, 1963）。

在實驗中有兩位受測對象走進實驗室並等待研究人員的到來，但只有一位是真正的受測對象，他並不知道另一位其實是與研究人員串通好的同夥。

就在兩位「受測者」互相打招呼後，研究人員進入實驗室並說明此次實驗的目的是要測試學習力，並告知會隨機分配他們下列兩個角色：一位會是「老師」，另一位則是「學生」。但其實角色分配是固定的，假的受測者永遠會分配到學生的角色，真正的受測者會擔任老師的角色。

研究人員接著說明實驗室是為了要測試電擊對學習的影響，真正的受測者看著研究人員將假的受測者緊緊綁在看似恐怖的電椅上。擔任「老師」的受測者要從另外一個房間詢問「學生」一系列記憶力的問題，每當同夥受測者回答錯誤，真正受測者就必須要按下按鈕給予電擊作為懲罰，電擊的範圍從最低的 15 伏特到可能瀕臨致死的 450 伏特，每次增加 15 伏特。當答案錯誤，受測者就必須按照指示給予越來越高的電擊。

但是真正的受測者不知道的是，另一個房間的同夥受測者並不是真的受到了電擊，研究人員真正的目的是要測試實驗對象服從指示的程度（即使從一開始聽到假受測者被電擊的呻吟逐漸變成痛苦喊叫）。

　　過程中，受測者若詢問實驗人員是否可以停止給予電擊，實驗人員會依據順序以下列四句作為回覆：

（1）、請繼續。

（2）、你還是得繼續進行這項實驗。

（3）、你必須要繼續進行這項實驗。

（4）、你只能繼續這項實驗，沒有其他選擇。

　　如果受測者在實驗人員給予最後一個答覆堅持不再繼續的話，那麼實驗便宣告終止。

　　實驗的結果非常地「嘆為觀止」。竟然有 65% 的實驗對象給了最高伏特的電擊（儘管有被告知這樣可能會致死），即使他們聽到對方因為痛苦而悽慘的叫聲，大多數人還是選擇依照實驗人員指示給予可能殺死對方的致命電擊。

　　這個實驗曾在世界各地進行，雖然占比不盡相同，但是整體結論一致：人類在心理上會傾向服從權威性高的人物，屈服的程度讓我們感到恐懼。即使是普通和有道德的公民都依然會聽從權高位重的人物的指示做出意想不到的行為。

　　而這和說服力有什麼關聯呢？如同我們盲目服從權威，我們也常一昧地相信某個領域的專家。當某位專家做了某種聲明，我們通常不會以系統式處理法去仔細評估內容，而只是盲目地相信內容的準確性，單純因為這份聲明是由某個「專家」所說出來的。舉例來說，學生閱讀一篇關於酸雨的演講文章，儘管內容完全相同，如果內容是主修環境科學的講者所寫，學生們較容易被說服，反之如果內容由數學主修講者所寫，較不容易被採信。

　　假使你還不是專家級人物，你還是可以利用專家的證詞來為你的聲明背書。由於《就靠這招說服你》是我的第一本書，我在這方面的權威性還不夠，與其一直用我的資歷與知識來說服你們，我試著大量引用學術研究來證明我的理論以加強說服力。事實上我甚至考慮使用引言註腳，但我刻意將這些引用寫在本文內，試圖證明這些說服策略是有根據的。

2、**吸引力**：在完美的世界裡，吸引力不應該影響你的說服力。但是等等，我們並非活在完美的世界裡，那麼吸引力有關係嗎？當然有關係，而且很不幸地，它與說服力有非常大的關聯，讓我們來看看以下讓人瞠目結舌的研究結果：

>> 外貌較好看的罪犯獲得較多緩刑（Sigall & Ostrove, 1975）。

>> 外貌可愛的嬰兒得到更多關注與照顧（Glocker et al., 2009）。

>> 較有吸引力的男人起薪較高，外型姣好的女人在事業後半段賺較多錢（Frieze, Olson, & Russell, 1991）。

儘管有吸引力可以擁有這麼多好處，但是這些人真的比其他人來的更「優秀」嗎？許多學者都研究過這個問題，但大多數都無法提供有利證據證實這個說法，有吸引力的人只有一個較可信的優勢就是交配成功率（Rhodes et al., 2005）。

所有關於吸引力的其他優勢都可以透過心理因素來解釋。外型姣好的人有很顯著的優勢，因為其他人會不自覺地對他們展現親切的態度。比如說當一群受測男學生被告知自己在和一位美麗的女性通電話的時候，受測學生不僅會因此覺得對方的個性很好，連在電話另一端的女性也相對地對男性留下好印象（Snyder, Decker Tanke, & Berscheid, 1977）。

儘管擁有吸引力有這麼多驚人的說法，你還是可以使用一些技巧來加強你的吸引力。兩個之前已提過的技巧包括熟悉度與相似度（Moreland & Beach, 1992; Montoya, Horton, & Kirchner, 2008）。除此之外你還可以利用以下方式來增加你的吸引力：(1)、時常出現在對方的周遭，以及 (2)、透露任何與對方相似的面向。

但是有另一個效果更強的技巧。最後一個章節將會延伸這個概念並介紹另一個更有效的方式來加強你的吸引力（以及為何你在健身房有更高的機率可以遇見約會對象）。

（二）、目標對你訊息的觀感：捷思處理法不僅與訊息來源有關（溝通者的權威性與吸引力），與訊息本身也息息相關。訊息中有三個周邊

提示可以提高對方使用捷思處理法的可能性。

1、**訊息量**：和捷思處理法一樣偷懶的想法，我們常會因為訊息內的論點數量而被影響。整體而言使用捷思處理法通常會被訊息內大量的論點給說服，因為他們會盲目地認為你的訊息包括更多根據（Petty & Cacioppo, 1984）。

假設你現在上網想要買一臺攪拌機。但這個決定並不是那麼重要，你自然不會仔細閱讀每一臺攪拌機說明，所以你會傾向用捷思法來處理訊息。當你忽然看到一臺攪拌機的說明很多，又寫著一堆優點，你可能就會以說明資料的多寡來判定，覺得資訊多就表示產品品質一定好。

如果你知道目標會用捷思法從幾個選項做決定，你可以將某個特定選項加上更多資訊來引導他做出期望決策，即使你提供的資訊並不一定是那個特定選項的優點，但仍然可以左右目標的決定。

2、**訊息美感**：無論是發生在自己有知覺還是在無意識的情況下，人們容易根據訊息的包裝來衡量訊息，即便是重要的財經決策也不例外，像是金融分析師在評估一個公司的年報的時候，也會被報告的設計與圖表給左右（Townsend & Shu, 2010）。

神經美學是最近一個新興的領域，專門研究大腦對美感刺激物的反應（Chatterjee, 2010），此領域其中一個主要的發現就是當人們看到具有美感的素材時，大腦會感到一種興奮。比如說當研究人員給受測者欣賞一系列圖畫後測試他們的神經反應，發現他們的眼窩額葉皮質區（大腦掌管獎勵的部位）只有看到他們先前被評為好看的圖畫時才會被觸發（Kawabata & Zeki, 2004）。

每當我們看到賞心悅目的刺激物，大腦會經歷某種喜悅的感覺，我們常會誤將這種喜悅認為是訊息內容的緣故，所以你們應該多花點精神加強訊息的包裝美感，即使這個因素看起來並無關係。

有一些行銷人員爭議網站的美感並不重要，關鍵應該是網站的內容，千萬不要聽從那些所謂「行銷專家」的建議。網站的美感很重要的原因不勝枚舉。首先，人們會從網站外觀來快速將其品質做連結，

如果你的網站有考量到設計美感，他們會自動認為裡面的內容也在平均水準之上，反之亦然。這帶領我們到第二個優點，網站美感可以影響人們是否會進一步查看網站的內容，這中間的思考時間僅有 50 毫秒（Lindgaard et al., 2006）。縱使網站內容再怎麼豐富，但若沒有訪客瀏覽也是枉然。

3、**理由：**可以請你們邊讀這一段文字邊用手指在句子下方畫線嗎？這樣我等一下要說明的時候你們會更清楚（將於之後說明）。

想像你正在圖書館急著要用影印機，但是必須要等前一個人用完，以下哪一句請求你覺得最能幫助到你呢？

>> 不好意思，我有五頁，可以先借我用影印機嗎？

>> 不好意思，我有五頁需要影印，可以先借我用影印機嗎？

>> 不好意思，我有五頁要影印，時間有一點趕，可以先借我用影印機嗎？

你有猜到是第三句嗎？以技術上來你答對了。在仿傚同樣情境的經典實驗中，有94%答應第三個請求，僅有60%答應第一個請求（Langer, Blank, & Chanowitz, 1978）。

那麼第二個請求又如何呢？其實仔細想一想，第二句和第一句並沒什麼不同，當你想要用影印機，當然是為了影印東西，再加上「……需要影印」這句話並沒有什麼分別。

讓人訝異的是第二句請求竟然也有93%的人同意，幾乎與第三句請求效果不相上下。當對方有提供理由時，使用捷思法的目標通常會假設理由都是正當的，因此只要是理由，即使是像「我需要影印」這樣沒有實質意義的理由，都能加強你的說服力，因為這樣給了目標一個機會，能夠快速分解訊息並決定是否同意你的請求。

你還有在邊閱讀邊用手指畫線嗎？要讓每一個讀者都遵從指示是不可能的事，但是因為我給了一個理由，那理由就是「讓我之後的說明能更清楚」，這樣的做法可以激發更高的服從性。因為我給了你一個理由，即使這個理由並無任何意義（不然我還能為了什麼要你們這麼做呢？）

　　每當你們提出一個訊息或請求時，你應該都要再提供一些理由，即便很微不足道。只要對方是使用捷思訊息處理法，他們都會假設你的理由很正當，因此也有較高的可能性會接受或答應你的請求。

　　我明白這個步驟可能包含很多資訊，所以我製作了一張圖表，大家可參考下一頁的圖 11.1。

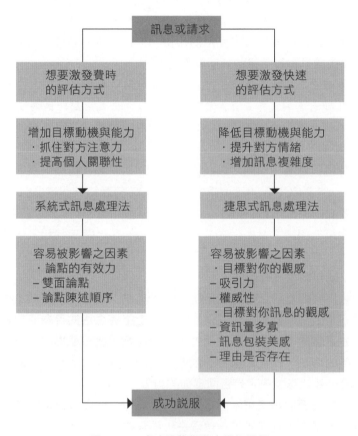

圖 11.1　成功說服術五步驟概要圖

四、現實生活應用：如何讓老闆對你印象深刻

就在你某天準備下班的時候，你的老闆走到你面前提出了一個請求：她希望你能準備一份簡報並於隔天 11 點前提交，雖然你已經筋疲力盡，但離開前你還是準備了一些資料，並決定隔天早上再將剩下的補齊。

當天晚上你將鬧鐘調到早上 5 點，這樣你就可以早起去公司完成老闆交代的簡報，但是很不幸地，你的鬧鐘不知道出了什麼問題，起床的時候已經早上 10 點了，你匆忙趕到公司都已經 10 點半。

你至少需要 2 個小時才能做出一份完整的簡報，但現在只剩半個小時。為了決定如何充分利用這半個小時，你假裝不經意地走過老闆的辦公室去確認她今天的心情。讓你意外地她今天的心情很好，並且問你交代的簡報做得如何，雖然你當下腦子一片混亂，但還是給了她充滿信心的回答：「簡報進行得很順利！」

你衝回座位開始專注於完成簡報，你已經曉得她今天心情很好，而且你也閱讀過本書的相關概念，你想老闆應該不會太過仔細地審視簡報中的論點（也就是她主要會利用捷思式思考方式），甚至還會被其他不相關的因素給影響，像是簡報的美觀等等。因此，與其像前一晚使用強而有力的論點在你的簡報內，你決定將重點放在美化簡報。你利用接下來的 20 分鐘加強簡報檔的顏色、主題、格式及整體的美化，期望老闆愉悅的心情能認為簡報的內容就和設計外觀一樣出色。

時間來到 10 點 50 分，你只剩 10 分鐘就要跟老闆講解簡報了。這一刻你開始花時間想想要如何包裝你整理的資料，因為知道她會使用捷思式處理法，只要你報告的態度堅定且有自信，她就會相信裡面的內容。

10 分鐘過去了，你走進老闆的辦公室跟她說明簡報，讓你驚訝的是她不僅對你的表現很讚賞，也十分喜歡你簡報的格式，結尾時你對老闆說希望能更進一步跟進這個主題，並且要再增加更有效力的佐證，她答應了，你鬆了一口氣地走出她的辦公室。

第6步 | 提高對方動力

請求之前	第1步	**M**	塑造對方看法 Mold Their Perception
	第2步	**E**	引導一致態度 Elicit Congruent Attitudes
	第3步	**T**	觸發社會壓力 Trigger Social Pressure
	第4步	**H**	讓對方習慣訊息 Habituate Your Message
請求之際	第5步	**O**	優化訊息內容 Optimize Your Message
	第6步	**D**	提高對方動力 Drive Their Momentum
請求之後	第7步	**S**	維持對方順從性 Sustain Their Compliance

概要 | 提高對方動力

雖然現在已經可以提出你的請求，但事情還沒結束，與其直接將請求擺到檯面上，然後祈禱目標答應，何不利用一些心理戰術來提高對方同意的動力呢？

這個步驟包含了兩個能提高目標動力的強大技巧，並讓他們同意請求。首先，你會學到如何提供目標適當的動機（其實並不如你所想的那麼直接）。第二，你會學到如何掌握限制的影響力以及「心理抗拒」來施加更多壓力。在執行完這些戰術後，你應該可以得到目標的同意（如果還是遭到拒絕的話，沒關係還有最後一個步驟）。

第12章：提供適當誘因 OK

　　我不常看電視劇，但某天晚上我隨意切換頻道，看到電視在播《宅男行不行》，裡面個性古怪卻又絕頂聰明的男主角 Sheldon，試圖要影響女主角 Penny 的行為。就像訓犬師在狗狗完成指定動作後都會給牠們獎賞作為鼓勵一樣。每當 Penny 乖乖聽話，Sheldon 都會給她一顆巧克力作為獎勵（像是幫他清洗髒碗盤等）。

　　雖然 Sheldon 這招「正向增強」的方法成功地改變了 Penny 的行為，但這種小獎勵真的能在現實生活中左右我們的行為嗎？雖然是個很有趣的寫照，但是像這樣的操作制約理論其實非常有效。只要運用得當，獎勵與誘因可以潛意識引導人們做出期望行為並達成目的。

　　但是怎麼樣才算是「運用得當」呢？你會在本章節學到，許多人在使用誘因來獎勵或鼓勵人們的時候，會犯一些讓人想不到的錯誤。這裡將告訴大家如何避免這些普遍的錯誤，讓大家可以成功地利用誘因提高目標的動力。

一、獎勵的影響力

　　這一切都從 30 年代一位享負盛名的行為主義心理學家 B.F.Skinner 開始。這位心理學家發明了一個以他名字為名的盒子，史金納盒（Skinner box），一個每當實驗老鼠或鴿子完成指定行為便會自動給予獎勵的盒子。在觀察了幾次這些獎勵如何能誘導這些動物完成期望的行為後，他提出了操作制約的理論來解釋動物的行為是被後果所支配，我們通常會做出受到鼓勵強化的行為，並且避免做出會遭到懲罰的行為（Skinner, 1938）。

　　強化作用究竟有多大的影響力？某一天 Skinner 設定了某些實驗盒子的獎勵機制，讓裡面的鴿子每隔一段固定時間就會收到獎勵。雖然獎勵會隨著固定時間發放（並非根據鴿子的行為），那些鴿子卻以為那些獎勵是因為牠們在發放前所做的特定行為的緣故。如同 Skinner 所描述的，鴿子的錯誤歸因讓牠們不斷做出以下怪異的行為模式：

　　其中一隻鴿子的制約行為是反覆逆時針繞著籠子打轉，大概在每次

獎勵發放之間轉兩至三圈。還有一隻不停地將頭塞進籠子上方的角落內。第三隻發展出一個像是「投擲」的反應，像是把牠的頭放在一個隱形的欄杆下，然後反覆地抬起。另外有兩隻鴿子的頭跟身體像鐘擺一樣的搖晃，牠們的頭向前延伸並由右至左劇烈地擺動，接著再緩慢地轉回原來的方向（Skinner, 1948）。

你們可能會覺得這些行為很有趣，但是我們與這些鴿子並無兩樣。我們很多人其實也不知不覺中做出相似的行為。

你是否曾經質疑為什麼迷信有這麼大的影響力？為什麼有這麼多人在決定執行某個行動前要先來個祈求幸運的儀式？比如說每次你準備罰球的時候，可能會先運球個三次，不多也不少，因為你認為這可以為你帶來好運氣。你瘋了嗎？並沒有，你只是單純被支配鴿子同樣的一股力量給左右了。

考慮到為何一開始會有那樣運球儀式的存在，你便可以看到一些關聯。假設你在運球三次之後罰進了一顆球，你故意開玩笑說你能成功投進全歸功於你有先運球三次，就在你開玩笑當中，你決定下次投球前也要先運球三次，接著……咻地一聲，你怎麼也沒想到，投籃得分。

從這一刻開始，你更相信這個儀式可以帶來好運，於是比之前更常做這個動作，現在你已經對這個儀式有一個期待，深信這樣子可以幫助你投進罰球，於是就啟動了安慰劑效應，並且只要有做這個儀式，就變得越敢投球。更重要的是，你對這個儀式的信念會更加堅定，尤其是在罰投進球的機率越變越高的時候。就像鴿子會錯誤歸咎獎勵的發送是因為某個特定行為，你也會開始深信一個隨意的運球儀式是罰投進球的主因。所以我們與鴿子並沒有什麼分別。

二、說服策略：提供適當誘因

本章節不依照之前的模式，跳過「為何獎勵具有影響力」的部分（其理由將於最終章說明）。接下來內容的重點全是如何利用誘因來獎勵並誘導目標的實際應用。

首先提供任何形式的誘因都能提高你的說服力，對嗎？錯！已有許多研究推翻了所有誘因都能導致更佳表現這樣的認知。這樣的迷思可藉由不同的誘因激發出兩種形式的動機來協助說明：

>> **內在動機**：個人發自內心的動力（因為覺得享受或是有趣而去進行某些活動）。

>> **外在動機**：因為外在理由而浮現的動力（為了要獲得報酬而去進行某些活動）。

因為內在動機通常比較有效，接下來我將說明有那些誘因可以激發目標的內在動機。

（一）、誘因的大小：大家普遍認為較大的誘因會比小誘因要來的更有效。依直覺來說這也很合理，但是事實卻不盡然。已有大量研究指出比起較大的誘因，較小的誘因其實更有影響力。

或許大的誘因不如大家想像得有效用的最直接原因在於它們會增加人們的焦慮感。在一個實驗中研究人員提供受測者誘因，來促使他們執行某些任務以便測量他們的創意、記憶力與運動技巧，結果發現若提供太過豐富的誘因時，受測者容易因為在「壓力中窒息」，導致表現大幅降低（Ariely et al., 2009）。

那是不是所有大的誘因都是不好的呢？並不是。當誘因大到不至於增加對方的焦慮感時，其實可以引發更高的動機與服從。Uri Gneezy 和 Aldo Rustichini ,2000a）進行了一項當時引起學術界注目的實驗。他們召集了一群中學學生挨家挨戶拜訪募款，並且提供以下三種不同的獎勵：

>> 大獎勵 （可獲得總募款金額的 10%）。

>> 小獎勵 （可獲得總募款金額的 1%）。

>> 完全沒有獎勵 （就只是告訴你捐款重要性的老掉牙說教）。

在以上三個誘因當中，你認為哪一個可以激發學生們最高的募款動機（以最後募款金額作為判定標準）？

不管你相不相信，完全沒有收到獎勵的學生們反而募到最多錢，收

到較大獎勵的學生們緊接在後，最後是收到較小獎勵的學生們。這樣令人意外的發現讓研究學者做出以下結論：「你要不就提供足夠的獎勵，要不就完全不要提供」。

但是等一下，為什麼沒有提供獎勵的學生們竟然募到最多錢呢？答案可以從人們如何自行為中產生同步態度來解釋（Harmon-Jones, 2000）。當人們有了極大誘惑的外在獎勵作為誘因時，他們會產生同步的態度對自己說，他們僅是為了獎勵才會採取這些行動，但是如果提供的獎勵並沒有這麼吸引人或是根本不存在時，人們便會說服自己他們的一切付出是出自於個人的慾望（這就是內在的動機）。

還記得第 5 章提過的一個實驗，研究人員付給受測學生 1 美元作為報酬要他們跟新進的受測者宣稱實驗很有趣，而學生們也因此真心對實驗有了正面的態度（Festinger & Carlsmith, 1959）。當受測學生只有收到 1 美元的時候，這樣「不充分的辯證」使得他們更有壓力必須要解除行為與態度的不一致性，所以他們在心底建立了對實驗正面的看法來消除這樣的差異性。在社會心理學，這種**少的獎勵反而能帶出更多的效應**，可以解釋為什麼較少的獎勵通常會比較有效，因為人們會產生內在動機的同步態度來消除與行為差異的不和諧感（Leippe & Eisenstadt, 1994）。

這個理論甚至影響我寫本書的動機。當我還在做之前顧問的工作時就著手寫這本書，前幾個月只是兼職寫書，後來甚至將我原本工作辭掉，全心投入在寫作中。那時候剛大學畢業，也沒有多少積蓄，我每天沒日沒夜的為了完成這本書，竟不是因為我**想要**這麼做，而是基本上我**必須**這麼做才能賺錢生活。一旦我的內在動機成為了外在動機，寫作這件事情，一個我曾經很享受的事情，卻讓我覺得是一種負擔和煎熬。

我的態度因為動機的改變而變得很負面。當我只是將寫作當作兼差的時候，雖然我還是投入了很多時間，但仍然能夠為我辛勞工作找一個充分理由，說服自己我依然很享受這個過程。可是當我辭掉工作全心在寫作上面，我**必須**要強迫自己不停地寫才能賺錢，於是這麼大的外在動

機（賺錢來生活）讓我產生新的同步態度，生存變成了我僅有的寫書動機。所以對於這本書即將要出版並且可以開始其他工作時我感到很興奮，唯有如此我才能重新找回寫作的熱忱。

　　所以重點是什麼呢？你的誘因應該要有多大呢？當你希望對方答應執行一次性的任務的話，提供大一點的誘因他們答應的可能性會比較高（但又不能大到讓他們感到會窒息）。若是你希望說服對方的態度或行為有長期的改變，較大的誘因也許會激發外在動機，而可能有反效果，或許他們會順從你的指示，不過不太可能會真心認同指定行為。如果要讓目標的態度有顯著的改變，你需要「不充分的辯證」，意指你提供的誘因必須規模較小或是根本不需要，這樣目標便會將他的順從歸因於個人慾望，而非想獲得某個外在獎勵。

　　（**二**）、**獎勵的形式：**第二個你應該考量的因素是獎勵的形式（像是金錢作為獎勵），因為如你之後會看到的，特定獎勵會激發不同種類的動機，這裡將介紹兩種最常見的獎勵形式：金錢和社會獎勵。

　　1、金錢獎勵：雖然這個形式的獎勵對於激發外在動機很有用，但是卻很難激發目標的內在動機，其中一個原因是金錢時常讓我們有負面的聯想：

　　根據不同的性質，獎勵可能會將一個情況從社會變成金錢的框架。你遇見一個外貌出眾的人，在適當時機你與對方說：「我很喜歡你並想和你有性關係。」但如果同樣的情境下，你更改說詞變成：「我很喜歡你並想和你有性關係，為了讓你得到更多好處，我願意再付你20美元！」大概也只有某種特殊領域的經濟學家才會預期對方在第二種情境下產生愉悅的心情吧（Gneezy, Meier, & Rey-Biel, 2011, p. 11）。

　　金錢上的獎賞（特別是現金）都帶有非常負面的聯想，這的確是無庸置疑的。

　　這個概念非常的重要，因為如同 Dan Ariely 在 2002 年的《誰說人是理性的！》一書中所說，要小心不要將一段社會關係變成了市場關係。假使有兩位朋友願意幫你搬家，為了答謝他們的幫忙，你給他們每人一

份禮物作為回報：你買了一瓶葡萄酒送給其中一個朋友（社會獎勵），給了另一位朋友 50 美元（金錢獎勵）。

現在將時間快轉至兩周後，你新公寓的一個水管破裂，必須要找人幫忙清理積水的地下室，哪一位朋友較有可能願意幫忙呢？你猜得沒錯，收到你葡萄酒做為謝禮的朋友會有更強烈的慾望想要維持這段社會關係，相對地另一位收到現金做為回禮的朋友應該會預期你再次以現金當作獎勵，因為你已經將這段關係從社會關係演變為市場關係了。

要想維持一段健全的社會關係，你應該要停止給你朋友現金，可以買一個小禮物給他們做為答謝或是回報。就像 Dan Ariely 所說的「雖然禮物本身經濟效益不高，但卻是很重要的社會潤滑劑，它們可以幫我們交到朋友並建立一個長期的關係……有的時候浪費錢卻可以換來更多。」（Ariely, 2009）。

如果你想用金錢做為懲罰來抑止某個行為，也可能會發生同樣的結果。當研究人員實行了以小額罰金來作為父母不按時去托兒所接小孩的懲罰，遲到的行為竟然不減反增（Gneezy & Rustichini, 2000b）。但是當他們取消這項罰金規定後，遲到的問題竟然也隨之消失，為什麼呢？這個罰金的規定將父母要定時接小孩的社會責任轉變成了一種市場價格，每當他們遲到只要繳交罰款就好，於是便將父母心中的罪惡感給消除了。

2、**社會獎勵**：對於要激發內在動機來說，社會獎勵（如禮物、稱讚、正面評價）會比金錢獎勵來得更加有效，因為它們不像金錢，容易讓人有負面聯想。雖然以 20 美元來交換一段性關係讓人很反感，不過「送給對方價值 20 美元的一束花應該比較能令對方開心」（Gneezy, Meier, & Rey-Biel, 2011）。

社會獎勵比較有效的原因是它不像金錢獎勵這麼樣地直接。還記得在《宅男行不行》的影集中，Sheldon 為了要制約 Penny 的行為，只要她做出期望行為就會給她一個巧克力嗎？如果他以現金作為獎勵的話，那麼他隱藏的動機就會變得太明顯了，而巧克力成為了他隱藏動機

最好的偽裝。

　　比巧克力還要更不明顯的其實是語言上的稱讚或是正面評價這樣的社會獎勵。為了要證實這樣的理論，兩位哈佛大學的研究學者進行了一項實驗，他們打電話給學校的學生詢問他們對教育系統的看法。每當學生提到了一個正面評價，研究人員就會在電話上給予認可的回答：「很好」。和控制組相比，獲得言語獎勵的實驗組在電話訪談因為受到了鼓勵，而對教育系統展現了更多正面評價（Hildum & Brown, 1956）。即使是像言語獎勵這麼微弱的認可都可以潛意識地支配目標的態度來達到你的期望。

　　（三）、對獎勵的觀感：你提供的獎勵大小與形式都是重要的因素，但還有第三個關鍵：目標對獎勵的觀感。

　　有時候光是獎勵的存在就傳達了某種負面的訊息。比如說提供對方獎勵，可能會讓對方認為你不信任他們能完成任務的能力或是試圖想要控制他們的行為，在這樣的情況下，這些獎勵反而會讓對方表現得更差（Falk & Kosfeld, 2006）。

　　事實上這兩個例子，被認為自己缺乏能力以及自主性，是兩個最常決定你的獎勵是否可以激發內在或是外在動機的認知想法（Deci & Ryan, 1980）。我接下來將詳細說明這兩個認知想法以及如何克服它們。

　　1、能力：應該要如何給予獎勵或誘因才不會讓對方覺得你是在質疑他的能力呢？或許最好的解答就是你獎勵的「條件」。一般來說獎勵分為兩種類型：

> >> **約定可能性：**為了讓對方遵守某個約定而提供的獎勵（小孩如果因為考試唸書父母就給予獎勵）。
>
> >> **表現可能性：**唯有表現達到某個標準才給予的獎勵（小孩如果考試成績得高分父母就給予獎勵）。

　　根據研究學者指出，約定可能性的獎勵會造成最糟糕的後果，因為它們低估了目標的能力，而表現可能性的獎勵較能刺激良好的表現，因

為它們鼓勵對方展現能力（Houlfort et al., 2002）。

2、自主性：如果你的說服目標將獎勵視為你企圖要控制她的行為的手段，她就有可能會因此而產生外在動機（如果有任何動機存在的話）。即便是一句隨意的詞語，像是「應該」（如「你應該要 ＿＿＿」），都可能讓別人感到你想要控制對方並導致他們的表現變差（Ryan, 1982）。

除了要避免使用「應該」這兩個字，還有什麼其他的方法可以給予獎勵但又不至於侵犯目標的自主性呢？其中一個有效且聰明的辦法便是讓目標從潛在獎勵清單中來做選擇。舉例來說大部分的公司都是給予業務人員金錢作為佣金，但是如果可以讓他們自行選擇他們想要的獎勵形式的話會更好（像是金錢、假期、或是禮卷等）。

讓對方自行選擇他們想要的佣金或是獎勵形式，在任何情況下都可以產生以下三大優勢：

>> 首先，與其費心去猜哪一種獎勵可以激發目標更高的動力，不如讓他們自己從各種選項中去選擇哪一種獎勵最吸引他們（有些業務人員可能喜歡金錢的回報，有些人或許則喜歡多一點額外的假期）。

>> 第二，容許目標自行選擇獎勵可以滿足他們的自主性，並且激發更高的內在動力，也能提高他們對工作的滿意度及表現。

>> 第三，他們所做的選擇變成一種可以強化同步態度的行為，讓他感覺真心想要那個獎勵。如果不認真工作而獲得獎勵，會與他們新形成的態度不一致，所以他們會加倍努力工作來得到獎勵（當業務選擇假期作為獎勵時，會加強這個想法並認為這個假期的回饋對他們極為重要，自然也會加倍付出來達到他們所選擇的獎勵形式）。

千萬不要輕視這個建議，這個策略背後隱含的心理機制非常有效，但是仍遭到許多學術界以及企業專家忽視，真的讓人不敢置信。

我套用了此概念於業務人員的佣金上面，但是此概念其實可以延伸至很多領域。近期研究顯示此選擇權也適用於鼓勵學生完成他們的家庭

作業,一個很難被激發內在動力的工作。幾百年來,家庭作業一直無法激發內在動力,因為它並不鼓勵自主性,學生們認為這是他們「必須」要做的事情(這也是事實)。有些比較極端的支持者甚至建議家庭作業應該是非強制性的,但其實有另一個更有效的策略:老師應該提供給學生一份作業清單,並且讓他們選擇哪些是他們想要完成的項目。

如果老師可以讓學生自行選擇家庭作業,你會很驚訝其效果的差異。在一項近期的實驗中,研究學者 Patall、Copoer 及 Wynn 在 2010 年發現這樣的選擇自主權讓中學學生們有了以下表現:

>> 對家庭作業展現更高的興趣及喜愛。

>> 對教材充滿自信與掌握。

>> 作業完成率提升。

>> 考試成績更高分。

想要激發目標更高的動力,你必須鼓勵他們展現能力並提升自主性以維持他們的內在動機,這些都可以透過刻意包裝你的獎勵以及讓目標自行選擇他們想要的獎賞形式或需求來達成。

你將會於下一章所學到,讓目標認為他有自由選擇的彈性是一個很有效的概念,並且具有其他的說服應用。下一個章節將介紹有哪些策略就是利用其優勢來更加強化目標的動力。

第13章：透過限制引發動機 OK

不要閱讀這個章節，直接跳到下一章，**永遠不要**再回頭。

你在做什麼？為什麼我要你跳過這一章你卻還在這兒？是什麼樣的心理動力在背後驅使著你？有兩個主要的力量在支配著你此刻的行為：

1. 當我要你停止讀下去的時候，你的好奇心已被激發。

2. 我限制了你的獨立與自由，反而讓你更想要挑戰這個限制。

本章節將告訴你如何利用第二個理由來提高你的說服力。特別是你將學到為何限制一個人的自由是一種強大的激勵因子，而有哪些巧妙的策略是運用這個概念來進一步激發目標的動力。

一、限制的影響力

當你正在與家人吃晚餐時它突然出現了。就在你眼前，一個人類眼睛所能看過最神奇的實體，它的雄偉，它的壯觀，它真是美不勝收，在我眼前的是最後一片披薩。

你一定在想那最後一片披薩怎麼會在短時間內變得如此有價值，但是那樣的想法馬上被**必須要**得到那片披薩的慾望給取代，已經沒有時間去猜測你的動機了，有更重要的事需要擔心，就像其他圍在餐桌前的禿鷹想得一樣。

但你不能表現得太過草率，你需要仔細周全地計畫你的襲擊。當你隨意地快速咬著口中那片披薩，並將目光移向你妹妹，目前被你視為最大的威脅。透過你的餘光，一個只有在最嚴峻的情況下才會使用的視線，你看見她正對最後一片披薩虎視眈眈。糟糕，要快點採取行動了。

你開始火速進攻自己手中的那一片披薩，但已經為時已晚。就像電影中的慢動作情節，你妹妹將手伸至餐桌中間，拿起了那最後一片披薩，並放進她的盤子。你失敗了。

好吧，為了平衡不舒服的感覺，你只好說服自己已經吃了四片披薩，反正都飽了。

二、為何限制如此具有影響力？

為什麼當那片披薩成了最後一片的時候就變得這麼炙手可熱呢？或是為什麼當任何一種食物，無論是盒裝巧克力或是餅乾，只剩下最後一片的時候就忽然變得更有價值了呢？接下來將介紹三個隱含的理論：心理抗拒、損失厭惡以及商品理論。

（一）、心理抗拒：要想了解披薩現象背後的解答，就必須要理解這其實與我在一開始要你們略過本章節的道理其實非常相似。

在兩者範例中，不同的自由被剝奪了。在開頭的範例，我限制了你閱讀本章節的自由，在第二個範例中，我限制了你吃披薩的自由，發現了一致的後果嗎？每當自由被限制的時候，我們會產生抗拒，這就是所謂的**心理抗拒**（Brehm, 1966）。當我們感到自由被侷限的時候，會很自然地想要維護或是重獲那種自由。

你們是否曾想過為什麼有些青少年在被父母警告不許和特定的人交往之後，反而更想要與那個人在一起？當青少年感到父母想要控制他們的行為時，他們時常會產生反抗的心理，並且以最常見的那一招回擊說：「你們不能控制我！我自己可以做決定！」 反抗心理確實能說明為什麼青少年不停地與有控制慾的父母對抗，也可以解釋為什麼電視上分級的警告反而提高了特定節目的觀賞率（Bushman & Stack, 1996）。

就像本書介紹過的多個理論，心理抗拒的效力大到可以潛意識影響別人。要證實這個說法，請想像自己是一個巧妙安排實驗中的受測者（Chartrand, Dalton, & Fitzsimons, 2007）。想像你生活中那些控制慾極強的人，在那些人當中，選一個通常會要你認真工作的人，和另一個通常會希望你享受當下的人。

實驗中的研究人員刻意要學生們透漏這些資訊，好讓他們可以測試當他們讓受測者接觸到那些名字時，他們在智力測驗的表現為何。令人值得注意的是即使那些受測者沒有注意到那些控制慾強的人的名字，他們卻還是展現了心理抗拒。當受測學生接觸到要他們認真工作的人的名字時，在智力測驗上的表現非常之差，但如果接觸到的是要他們即時享

樂的那些人的名字，智力測驗的表現則相對地格外優異。心理抗拒的影響力很強大，並且可以在目標的潛意識自動發生。

（二）、損失厭惡：我很不想將你逼到這個局面，但你現在必須要做一個攸關生死的決定。有一場即將蔓延並可能奪走 600 條生命的疾病，而你必須在以下兩個預防措施當中選一個：

>> 措施 A：總共可以拯救 200 條生命。

>> 措施 B：有 33% 的機會全部 600 個人可以倖免，但是有 67% 所有人會因此而死。

當提供以上兩個措施做為選擇時，大多數人都會選擇措施 A，因為確定可以拯救 200 個人的性命（要拿生命做為賭注未免太過於冒險）。

不如我們將措施的內容更改一下。不要管措施 A 還是措施 B 了，假裝你根本不知道這些。現在我要你們在下列兩個預防措施中選一個：

>> 措施 C：總共有 400 個人的性命會被奪走。

>> 措施 D：有 33% 的機會沒有人會死，但是有 67% 的機會全部 600 個人都會死。

你會選擇哪一個措施呢？就像大多數人，你可能會傾向選擇措施 D，如同實驗中的大部分受測者一樣（Tversky & Kahneman, 1981）。

但是這裡有一個挺好玩的地方，你是否有注意到第二組措施其實與先前的第一組措施是一模一樣的？措施 A 和措施 C 以及措施 B 和措施 D 其實相同，唯一的不同之處在於內容的用字以及強調拯救和失去人命的部分。

既然那兩組預防措施都是相同的，那麼為什麼當人們收到第二組選項的時候結果截然不同呢？答案是：避免損失的壓力戰勝了想獲得的壓力（Tversky & Kahneman, 1991）。

我們都有想要避免損失的天性，包含失去機會。當只剩最後一片披薩的時候，我們會有在失去機會之前要將最後一片披薩到手的壓力。與其將那片披薩視為自由的投射（透過心理抗拒），以損失厭惡的心理來說，那最後一片披薩就是可能即將失去的機會，概念類似不過還是有些微的差異。

（三）、商品理論：在披薩的故事當中，還有第三個因素會讓你特別想要那最後一片披薩：商品理論（Brock, 1968）。這個理論主張比起庫存還很多的商品，限量或甚至缺貨的商品很多的時候是被認為更有價值。

有一群研究學者將同樣的披薩概念沿用至巧克力餅乾。與裡面有 10 片餅乾的餅乾罐相比較，當一個只有 2 片巧克力餅乾的罐子擺在人們面前時，他們會覺得後者特別地好吃（Worchel, Lee, & Adewole, 1975）。你不僅會比平常更想要得到最後一片披薩，這個理論也告訴我們你可能會覺得最後一片披薩比其他片都要來得更美味。

商品理論的影響力強大到可以適用於食物之外的領域。除了大家常提到的「啤酒效應」，商品理論還可以解釋為什麼酒吧裡的男人在時間越晚的時候，會發現身邊的女人越加美麗（Madey et al., 1996）。當時間還早的時候要找到約會對象的機會還很大，但越到後面這個機會變得越小，當夜色快結束時，機會逐漸變得渺茫，所以酒吧裡的男人會覺得剩餘的女人更加地美艷。

三、說服策略：透過限制引發動機

如果要歸納本章節所提到的重點，有三種可以利用限制來影響他人觀感與行為的方法：

1. 當我們感到自由被侷限的時候，會很自然地採取心理抗拒來重新拾回自由（當我們吃披薩的自由被限制的時候，反而有更強的慾望想重新奪回吃披薩的自由）。

2. 盡可能避免損失是我們的天性，於是在有限的機會裡，我們會感到一股壓力想在機會失去前抓住它（慢慢減低的機會驅使我們趕緊抓住最後一片披薩）。

3. 當我們將特定物品視為限量、稀有或根本不再可能獲得的時候，會認為此物品比原來的還要珍貴（因為是最後一片披薩，所以顯得更珍貴）。

雖然三者很類似，心理抗拒、損失厭惡和商品理論各有不同的說法來分別解釋為什麼限制如此具有影響力。現在你已經了解這些概念，接下來將介紹你可以如何運用它們來提升目標更高的動力。

（一）、限制他們的選擇： 前一個章節已說明容許目標選擇獎勵有助於激發他們的內在動機，因為這樣可以提高他們的自主權，雖然提供選擇有它的好處，但是如果選項太多則可能會導致不利的後果。Barry Schwartz 在 2004 年所提出的「選擇矛盾主張如果選擇過多可能造成兩種後果：1、人們對自己的決定較不滿意，或 2、人們避免做出決定。

請看以下兩組選項：

第一組	第二組
選項 A	選項 A
選項 B	選項 B
選項 C	選項 C
	選項 D
	選項 E
	選項 F
	選項 G
	選項 H
	選項 I
	選項 J

這些選項可以代表任何事（服飾店內不同的牛仔褲品牌、房仲帶客戶去看的幾間房子）。為了方便說明，假設每一組選項都代表了投資公司介紹給客戶不同的共同基金。如同你所看到的，其中一間公司提供給客戶少數選擇（第一組），另一間公司則提出了太多選擇（第二組）。接下來的內容將會利用這個範例來說明為什麼過多選擇會造成前述所提的兩個結果。

　　結果一：對所做決定不滿意　有兩個主要原因可說明為什麼提供太多選擇可能導致人們不滿意他們的最終決定。

　　第一，當你增加選擇的數量時，同時也提高了人們對於最後一個選擇的期望，當選擇超過了一定的數量，人們的高度期待會變成一個極端的參考值並造成對比效果，導致最後一個選擇的品質好像比平均值要低（Diehl & Lamberton, 2008）。

　　第二個原因是根據損失厭惡的原理。讓我們一起來看看以下兩種賭博的情境：

　　1. 你有 90% 的機會能贏得 10 美元，但也有 10% 你什麼都得不到。

　　2. 你有 90% 的機會能贏得 100 萬元，但也有 10% 你什麼都得不到。

　　在兩種情況下，損失皆為相同：什麼都得不到。既然其損失在兩種情況下都是一樣的，依據邏輯大家對兩種情況的損失感受都沒有差別才對。但是非常明顯地，這兩種損失可以造成截然不同的感受，你可以馬上忘記你損失的 10 美元，但是 100 萬元的損失卻會讓你扼腕到抓狂。

　　這和所提供的選項有什麼關聯呢？首先你必須要了解，每一個選項和其他選項相比，都有其獨特的優點和缺點。以共同基金的例子來說，其中一個基金可能會為你帶來另一個基金無法提供的利益，反之亦然，也因為每個基金各有利弊，選擇某個基金就代表你必須放棄其他基金所伴隨的好處，因此當你做出決策時

　　勢必會因為放棄其他基金所帶來的利益而感到失望。

　　還記得之前提到損失 100 萬元會讓你抓狂，但如果只損失 10 塊錢的話馬上就會忘記。這個現象便可以用上一段的理論來說明。當你面前有越多選擇的時候損失似乎會變得越多，因為你可能失去更多潛在的好處。如果你在第一組選擇了選項 A，你只會失去選項 B 和 C 的好處，但是同樣在第二組選了選項 A 的話，你就失去了其餘九個選項所能帶來的好處。雖然你在兩組都選了同樣的基金，但是在第二組當中你損失的優惠似乎比第一組還要多，導致你對自己做的決定更加不滿意。

　　這樣的情況也造成了認知失調。一方面你知道其他的選項充滿了吸

引人的好處，另一方面你在做出選擇時就代表了放棄其他好處，這樣的不協調感容易讓你對自己的決定感到不舒服也不滿意。

這個理論有助於我們解決「購買後失調症」，一個屬於消費購買領域的特定認知失調。舉例來說當我們購買某商品之後，可能會將重點放在其商品才獨有的特色（Gawronski, Bodenhausen, & Becker, 2007）。所以我們**確實**有能力可以消除這種不舒服感，因此太多選擇而造成的不滿足不會是個**太大**的問題。第二個選擇矛盾所帶來的後果才是更大的問題，也就是決策癱瘓。

結果二：決策癱瘓　有兩個主要的原因能說明為什麼提供太多選擇會讓對方乾脆完全放棄做決定。

第一個理由是損失厭惡的延伸。當面對過多的選擇時，人們清楚如果只選擇一個會面臨到的潛在損失，所以會拒絕或延遲做出決定，只因為不想面對這些可能的損失。

第二個理由為「訊息超載」。當你提供太多選擇給對方時，為了要能做出最明智的選擇而必須仔細審視每一個選項，到後來這樣的認知緊張反而讓他們感到完全沒動力，特別是當決定極為複雜且重要的時候。

你的老闆是否曾經給過你一份又臭又長的員工退休儲蓄計畫？如果有的話你可能會被清單壓得喘不過氣來，倘若你曾推遲你的決定，你並不是唯一一個。研究顯示員工參加退休儲蓄計畫的機率會隨著選項數量增加而減低，當員工面對越多選擇時，參加的意願就愈低（Iyengar, Jiang, & Huberman, 2004）。

解答　我知道聽起來好像我是在鼓勵你們不要提供對方太多選擇，但也並非如此。多一些選擇通常是件好事，就像你於前一章節所學到的，給對方多一些選擇可以讓他們感到多一點個人自由，也能讓你的問題獲得更好的解決（即使你可能對最後的決定不是這麼滿意）。

為什麼我又要花這麼多時間來抨擊選擇，現在卻又說多一點選擇是好事呢？雖然這是個看似很矛盾的建議，但最好的策略並不是改變選擇的數量，而是改變對方認為他們有多少選擇。

舉例來說，請試著記住以下數字的順序：

7813143425

要記住數字呈現的順序並非完成做不到，只是有難度。但是如果你利用一個叫做「組集」的技巧來將這些數字分成好幾組的話，就顯得容易多了。

781–314 –3425

你應該已經猜到了。這個組合方式就是美國電話號碼的一般呈現方式，將這些隨機的號碼分開成好幾組就變得好記多了。

雖然我們腦中的工作記憶僅能於一段時間內留存 5 ～ 9 組資訊，前述提到的「組集」便是其中一組資訊，這樣把數字分組的記憶方式讓大腦能夠很輕易地記住它們的排序。

將這個概念應用至說服術的話，你可以將多個選擇分成好幾組來預防因為選擇矛盾而產生的兩個負面結果（Mogilner, Rudnick, & Iyengar, 2008）。這麼做不僅能降低目標對於放棄其他選項而感到的損失，也可以減輕訊息超載。

記得之前第二組令人眼花撩亂的基金數量嗎？你應該將原來的 10 個選項以風險程度來分成三大類：

第二組

低風險	中風險	高風險
選項 A	選項 D	選項 H
選項 B	選項 E	選項 I
選項 C	選項 F	選項 J
	選項 G	

和之前電話號碼中的數字被分成好幾組的作法相同，是能減低訊息過載。依照風險程度組織共同基金也可以緩和認知緊張，因為選項已被分成不同組別來呈現。與其面對 10 個不同的選擇，現在人們會覺

得只需要處理三個選擇就好，但實際上總數並沒有改變。研究也證實將一長串選項分門別類，即使只是隨意地分組，都能夠讓選擇清單看起來更吸引人（即為「單純分類效果」；Mogilner, Rudnick, & Iyengar, 2008）。

限制選擇的數量不是唯一可以防止決策癱瘓的方法。接下來的策略將說明有哪些其他方法也是透過限制來刺激目標的動力。

（二）防止目標延遲做決定：雖然影響力很強大，但是決策癱瘓是可以避免的。接下來要介紹兩種限制對方的技巧，來強迫目標盡快做出決定。

1、限制時間：第一個技巧是限制對方答應你請求的時間，這可以很容易以最後期限來達到。

問：要將最後期限設在哪一天最無法獲得同意呢？

答：明天。

明天這個時間點具有某種魔力，好像永遠不會到來似的。無論多少天過去了，明天好像永遠都與未來保持著相同距離，真的很神奇。設定最終期限卻非常有效用，因為它可以終結永無止境的黑魔法，將「明天」越拉越近。即使最終期限並無相關或是信手捻來，這樣的時間壓力都可以防止對方拖延決定。

假使有一天晚上你很累，並想要說服你原本性格就很拖拖拉拉的另一半清洗髒碗盤。設定特定時間可以大幅降低拖延的機率（比如說晚上8點前）。雖然這個期限好像很隨意，但其實就像個倒數計時器，可以防止目標拖延的行為。

期限還有另一個有影響力的原因是它可以限制潛在的機會，一旦期限過了，目標也只能放棄那個機會。當然清洗碗盤可能無法視為此生無法錯過的機會，但有其他情況期限可以讓你的訊息內容更加吸引人（行銷業者設定優惠卷或折價卷的期限）。

2、限制可用性：你正在賣酒精飲料的店找一些白酒，看到了擺放白酒的商品架只剩兩個品牌在販售，兩者皆為同樣價錢，但你對白酒一

點研究也沒有，也不知道哪個牌子比較好，在這個情形下你會怎麼做？關於貨架商品稀缺的研究指出，大家應該傾向選擇貨架上剩餘數較少的品牌（Parker & Lehmann, 2011）。

當某樣東西很稀少時，人們通常會因為下列兩個理由而立即展開行動：（1）、如果不立即反應可能會失去好機會（損失厭惡），以及（2）、某件物品很稀少會讓人們假設他一定很受歡迎（商品理論和社會壓力的間接影響）。

你可能會以為這個概念僅限於販賣商品，但其實可應用於其他領域。這個理論也可以在找工作的時候幫助你。宣稱自己有在考慮其他工作機會的人（感覺存量較少）會比沒有其他工作機會的人要被視為更加有能力（Williams et al., 1993）。和商品理論相呼應，面試者會有意識或是無意識地將可用性當作一個快速參考來衡量應徵者的能力，如果應徵者因為有其他工作機會而顯得很炙手可熱，那他條件一定比較好。

四、魔術師的角度：誤導觀眾的注意

身為舞臺魔術師這麼多年，我可以很有自信地說舞臺魔術其中一個最基本的原理就是**誤導的技術**：控制觀眾的注意，避免他們看到表演背後的「魔術」。

雖然誤導有其基本的定義，表演者對誤導有不同的解讀。業餘者宣稱誤導是將觀眾的注意力從祕密移開（變魔術的手法），不過專業人士對誤導的定義為將觀眾的注意力**轉至**某些東西上面。

兩個意思難道不一樣嗎？前幾年我一直是這麼想的，直到我開始了解限制的重要性。特別注意的是業餘者的意圖是要**限制**觀眾的注意力，不讓他們看到不該看的地方，而專業人士則是要讓觀眾的注意力**集中**在某個地方。如同你於本章所學到的，當自由受到侷限時，我們的自然反應便是反抗那個限制。因此想要限制觀眾注意的業餘魔術師實際上反而不經意地吸引了觀眾的注意。

假設有一個魔術師現在要表演一個讓錢幣消失的魔術。整段表演他

需要假裝將錢幣放在左手（但事實上錢幣一直都在右手）。業餘的魔術師會極力讓別人不要關注他的右手，但這樣做卻適得其反。其一，他的餘光會一直看向自己的右手，而他餘光的視線也會把觀眾的視線引過去。更糟的是，他的手會變得僵硬不靈活，因為他會一直試圖擋住觀眾的視線，這個不自然的姿勢根本對偽裝沒有幫助，只會吸引觀眾將更多注意放在他右手上。

　　與業餘者不同的是，專業魔術師會將觀眾注意力集中在他的左手。當他將重點全力放在左手，也就是大家以為錢幣會在的那一手時，觀眾的視線也會隨著他的視線放在他的左手。與其將右手慢慢從左手旁抽離，專業魔術師會將左手從右手旁抽離。這個移動和聚焦左手的動作會抓住觀眾的視線，並會將注意力自動地從魔術師的右手移開。結果是：魔術師緩慢地將左手張開，表示錢幣已經消失，讓觀眾瞬間覺得很神奇。即使是表演魔術，懂得運用限制的原理也是可以讓觀眾見證奇蹟。

五、現實生活應用：網上拍賣 T 恤

　　假設你現在要透過一個電子商務網站販售你的 T 恤，你公司設計的 T 恤有非常多種選擇，包含不同的款式、顏色與設計。與其將每一件 T 恤重複上傳至網站，你可以透過三個步驟將 T 恤分門別類來引導網站的訪客。

　　第一步，訪客可以選出他們有興趣的 T 恤款式（短袖或是長袖等）。接著他們可以選喜愛的顏色。最後，選出他們想要買的 T 恤設計（塗鴉圖案或運動風等等）。當他們做完這些選擇後，系統將列出所有符合他們篩選條件的 T 恤清單，符合條件的 T 恤又可依價格範圍歸納在一起。如此逐步的篩選過程有許多好處：

>> 第一，這可以大幅減少最後出來的結果數量，讓訪客不會感覺到太多損失。

>> 第二，訪客可以從不同類別當中挑選（款式、顏色、設計和價格範圍）。研究證實僅僅是商品分類都可以提高顧客的滿意度，

因為這樣讓他們覺得商品非常多樣化（Mogilner, Rudnick, & Iyengar, 2008）。

>> 第三，訪客可以在他們能處理範圍的選項內找出他們喜歡的商品（喜歡短袖還是長袖），而不是在有各種可能性的T恤當中挑選。這樣的設定可以幫助減低訊息超載，因為這些選項的數目會維持在訪客可以管理並做出決策的範圍之內。

>> 第四，因為系統給予訪客自行做出不同的決定，因此也鼓勵了他們的自主性，讓他們覺得自己有控制權。

>> 第五，每一個連續的選項都可以讓訪客產生同步態度，他們對購買網站T恤是有興趣的。一旦他們被塑造出那樣的想法，也會有動力要表現出一致的行為（實際購買T恤）。如果沒有讓他們經過這樣逐步的篩選的話，他們不會對於購買T恤有如此堅定的想法，因為他們並不會展現出任何動作或行為來表示他們其實真的很想購買（就只是隨意瀏覽網站而已）。

第**7**步｜維 持 對 方 順 從 性

請求之前	第 **1** 步	**M**	塑造對方看法 Mold Their Perception
	第 **2** 步	**E**	引導一致態度 Elicit Congruent Attitudes
	第 **3** 步	**T**	觸發社會壓力 Trigger Social Pressure
	第 **4** 步	**H**	讓對方習慣訊息 Habituate Your Message
請求之際	第 **5** 步	**O**	優化訊息內容 Optimize Your Message
	第 **6** 步	**D**	提高對方動力 Drive Their Momentum
請求之後	第 **7** 步	**S**	維持對方順從性 Sustain Their Compliance

概要 | 維持對方順從性

　　所以結論是什麼？你的目標答應請求了嗎？不管你的目標有沒有答應，你還是可以利用 METHODS 第七個步驟的策略，這一個步驟有雙重目的。你可以：

　　1. 採取這些策略來維持目標的順從性，或是……

　　2. 如果仍然無法使他們順從的話，就持續地採取這些策略。

　　假設你的目標順從了你的請求，有許多狀況會需要你繼續維持他們的順從性，特別是當你提出的請求是希望他們能做出長期行為上的改變時（例如試圖影響你的伴侶吃得健康）。

　　如果你還未得到目標的順從，千萬別氣餒。你可以使用這一個步驟的策略來持續向目標施壓，讓他們最後能夠順從你的請求。當你的請求並沒有最後期限時，就毋需停止說服的過程。

第**14**章：製造有利的聯想 OK

　　在第 11 章學到新近效應後你可能已經預期到，我會刻意確保最後一章一定要有趣而且重要（目的就是要讓你對此永久留下正面的印象）。雖然是放在最後一章，但是這章其實是本書所有內容的基礎，因為它也涵蓋了第 1 章的主題：心智與想法設定。當你讀完這個章節時，你會了解為什麼 METHODS 其實不僅是單一直線的順序，還是一個永不休止的循環過程。這個章節的主題是什麼呢？我想一些隨機的食品可以幫助說明。請在腦中想像下圖內的這些食品，以及你想要購買的慾望（1= 完全不想，10= 非常想要）。

　　如果光看圖片還是不知道是什麼的話，三個食品由左至右分別為燕麥片、美乃滋和咖啡。

　　你的購買慾望評分出來了嗎？你可能沒有意識到，但是位於中間的美乃滋很可能影響了你對旁邊物品（燕麥片和咖啡）的購買慾望。為什麼？研究顯示美乃滋對有些人來說會有「噁心」的感覺，而人們會將這種感覺轉移至任何與美乃滋有接觸的物品上，即為「產品傳染」。

　　研究學者 Morales and Fitzsimons（2007）進行了一系列測試產品傳染的實驗，他們提供受測者一個擺放些許商品的小型購物車，並且刻意將一些「女性用品」放置於盒裝餅乾上面。雖然所有的商品包裝完好如初，也沒有被打開的跡象，研究人員仍然發現光是這樣的接觸方式，但都讓受測者降低想要食用那些餅乾的慾望。而當研究人員對另一群受測者進行相同的實驗，但是這次將同樣商品以 15 公分的距離放置在一起，

原先負面的觀感便消失。研究學者亦發現當傳染商品是非消耗性物品（如筆記型電腦），也會發生相同的現象，特別是當受測者反感的商品包裝是近似透明或是全透明的時候，產品傳染的效果格外顯著。

我透過前述實驗想要闡述的重點是某一個刺激物的特點可以輕易地轉移至另一個刺激物上面，並且不只是侷限在超市的貨品架上。本章節要介紹一個相似的心理學理論，以及你如何與其他刺激達到某種關聯性來傳達訊息的特色

一、為何聯想如此具有影響力？

這都要從一群狗開始說起。狗嗎？沒錯，就是狗。準確一點來說，是 Pavlov 的狗。

在 1927 年，奠定了最基本的心理學原理的始祖 Ivan Pavlov，在研究實驗狗的消化系統時有了意想不到的發現（對心理學領域而言是個非常幸運的意外）。他注意到每當實驗助理手裡拿著要給狗吃的食物走進實驗室時，狗在還未看到或是聞到食物之前就會開始分泌唾液，像其他理性的研究學者一樣，Pavlov 假設那些狗並沒有心電感應，而是被某種科學原理影響，他的直覺完全沒錯。

在建立起實驗狗應該是被食物給制約了反應的猜測之後，Pavlov 進行了一連串實驗來證實他的猜測。首先他檢查他的狗是否會對鈴聲這樣的中性刺激有反應，發現牠們並沒有對鈴聲有特別反應後，他開始將鈴聲與食物的出現結合在一起，就在提供食物之前，他讓鈴聲反覆作響。不久後實驗狗便對鈴聲和食物產生了聯想，之後 Pavlov 光是搖鈴，狗狗便開始分泌唾液，於是他發現：

鈴聲→沒有分泌唾液

鈴聲 + 肉→分泌唾液

鈴聲→分泌唾液

Pavlov 於是結論原本無法激發制約反應的中性刺激物（鈴聲），如果與「非制約刺激」，也就是可以引發自然反應的刺激配對便可開始

激發行為反應（食物讓狗分泌唾液）。雖然只是個簡單的發現，但這個**古典制約**的理論卻開啟心理學領域一個嶄新的時代。

　　為什麼可以這樣運作呢？最常見的解釋就是如果一個中性刺激（鈴聲）反覆地出現在非制約刺激（食物）之前，特定的中性刺激就會成為一個象徵非制約刺激即將出現的訊號（Baeyens et al., 1992）。每當 Pavlov 在端出食物之前開始搖鈴，狗就會被制約並**預期**食物即將出現，也就是為什麼一聽到鈴聲馬上因為想到食物而分泌唾液。

　　但這並不是唯一的解釋，事實上還差得遠呢。雖然中性刺激通常都在非制約刺激之前出現，研究指出即使中性刺激是在非制約刺激（可以挑起反應的刺激）之後出現，同樣可以產生制約反應，一種稱為逆向制約或情感啟動的古典制約（Krosnick et al., 1992）。如果你的非制約刺激能激發某種情感／情緒狀態，基本上你就是啟動了人們將接下來的中性刺激看做是情緒心態的投射（所以才會有「情感啟動」一詞）。因此那些情緒感覺可以左右人們對於中性刺激的看法與評估。

　　假使每次只要遇到好天氣，你就會打電話給你朋友。在這個情況你就是利用情感啟動來將你自己和好天氣做連結：

　　你→沒有反應

　　你→好天氣 正面反應

　　你→正面反應

　　只要有充足的配對，你的目標就會開始將好天氣所產生的正向情緒和你做連結。換句話說，你就像是 Pavlov 實驗中的鈴聲，只不過你的作用不是讓目標分泌唾液，而是讓他們看到你的時候就會有正面的情緒。

　　除了情感啟動，還有其他原因說明為什麼目標會將好天氣帶來的正面情緒與你做聯想在一起。接下來的內容將詳細說明另外兩個原因。

　　1、**錯誤歸因**：其中一個你應該要從本書學到的主要想法是我們常會犯下錯誤歸因。就以處理流暢度為例，這個理論可以說明為什麼容易發音的股票代碼（如 KAR）比難發音的股票代碼（如 RDO）表現來得更為優異（Alter & Oppenheimer, 2006）。人們常會錯誤地將特定股

票代碼的處理容易度歸因於其上市公司的優秀財務營運，如果某個股票代碼發音很容易，人們便將此縮寫代碼能夠被快速處理錯誤歸咎於其背後的金融狀況。

我們在古典制約中也會有相同的問題（Jones, Fazio, & Olson, 2010）。如果兩個刺激變成互相有關連，我們會很容易錯誤地將其中一個刺激所產生的感覺延伸至另外一個刺激上面。當我們看到電視上幽默的廣告時，常會誤將廣告傳達的正面情緒延伸至所要宣傳的產品上面（Strick et al., 2011）。

記得之前你將自己（中性刺激）與好天氣（非制約刺激）做連結的例子嗎？如同大部分讀者，你可能會覺得這種事前所未聞，甚至有些牽強（老實說確實是）但是研究指出這個現象其實還是有它的可能性。Schwarz 和 Clore（1983）分別在晴天與雨天的時候致電給受測者來檢視他們的情緒狀況，令人訝異的是人們在天氣晴朗的時候心情特別地開心，並且也格外地對他們的人生感到滿意。但有趣的是當研究人員開頭第一句便是以「那裡的天氣如何？」作為詢問的話，多數人常犯的錯誤歸因便會消失。當人們居住的地方是雨天且被問及這個看似無害的問題時，他們會有意識或是潛意識感覺到自己低落的心情是因為天氣的緣故，所以會刻意將他們快樂的程度評分得高一點。

這裡的重點是：聯想非常具有影響力，因為我們可以輕易將其中一個刺激的特性與激發出的反應錯誤歸咎於是因為另外一個刺激的緣故（如果你此刻想要連絡一個許久未見的朋友，可以考慮等到天氣變好之後）。第二段內容要說明的是聯想為何具有影響力的最後一個理由：我們的語意網路。

2、**語意網路**：我們已於第 1 章說明，人的大腦就像是一個語意網路，涵蓋了我們過去所學到的知識串聯，此網路內的每一套概念（或「節點」）都與其他相似的概念互相連結。不僅如此，當其中一個概念被啟動時，所有其他相關的概念也會隨之啟動，也就是啟動擴散的原理。這些都在第 1 章介紹過。

最後一篇章節是一個完美的結尾，因為聯想可以說明語意網路為何存在。我們之前學到的所有概念（語意網路內的每個節點）都因為聯想而逐漸浮現。每當我們學到一個新的概念，不可能隨便讓它飄在腦中置之不理，要將這個新的概念與原有的知識網路融合，我們必須藉由某種相似關係或是關聯性將新的與已經存在的概念相連起來。

為了進一步說明，請閱讀以下在一個由實驗研究人員準備給受測者的短文：

程序其實很簡單。首先你將物品依據形體分成不同組別，當然其中一組的物品可能會太多，端看整體的工作量而決定。如果因為設備不夠而需要到其他地方的話，可以進行下一個步驟，不然其實你可以算是準備完畢。要記住不要做得太過頭，也就是說最好每次做少量就好。短期來看這可能不是很重要，但是做太多的話可能會將事情弄得太複雜，要為錯誤付出的代價更高。操作機制應該很明顯，這部分不需要太花時間傷腦筋。一開始整個過程好像很困難，不過你很快就能駕輕就熟，要能在短期內預測是否有必要結束這項工作並不容易，但是這種事你永遠也說不準（Bransford & Johnson, 1972, p. 722）。

和大多數人一樣，讀完上述短文你還是不知道它在講什麼。怎麼可能有人可以理解這個讓人混淆又猜不透的文章呢？但是如果給你這些資訊的適當情景，你應該就可以將它們分類至相關的心智情境中，那麼這篇文章就變得不這麼難理解了。這篇文章的情景是：洗衣服。現在你已經曉得背後的情景了，再將文章讀過一遍應該比較可以理解，因為你可以把內容的資訊放到與洗衣服這件事一致的情景內。

這個資訊是否讓你想起什麼呢？應該有。在第 1 章我說過「幸運」或是「侏儒」容易讓你潛意識聯想到數字 7。由於在語意網路內這兩個概念與數字 7 的關聯，因此很容易就啟動了你對數字 7 的聯想。

古典制約也是透過相似的運作過程。請看下圖有一張看似複雜但可以說是語意網路的簡易流程。

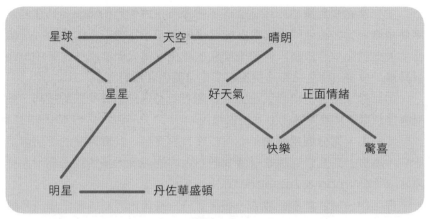

圖 14.1

古典制約是一個很有效的方法，因為它在我們的大腦網路內形成了一個全新的連結。當你不停地將自己與好天氣配對在一起，你在目標的語意網路內為「好天氣」還有「你」建立了一個新的連結（這樣的配對次數越多，連結性變得越緊密）。一旦建立那樣的連結，啟動現象便可以從「你」蔓延至「好天氣」，最後到「正面情緒」。當你利用古典制約將自己與好天氣建立連結，就可以藉由目標的語意網路內的啟動擴散機制引導出他的正面情緒，

還不錯吧！ METHODS 程序的這個大圓圈總算是完美無缺了。第 1 章已說明我們的語意網路其實就是我們對外在世界的精神架構，而這個章節告訴你聯想

就是語意網路的基石，而語意網路系統的廣泛應用當然不只是本書提到的領域，但是希望你能更加理解聯想的特性，還有這些特性如何引導我們建立起對這個世界的看法。

二、說服策略：製造有利的聯想

在這一個步驟，你可以持續利用聯想來維持目標的順從性，或是如果她還未順從的話可施以更多的壓力。

　　廣告業者會反覆地利用這個理論的優勢來將他們的品牌與適當的刺激做相聯。比如說他們通常會在知名運動賽事中宣傳自己的商品，來維持或製造其品牌可以為人們帶來興奮的感覺。當人們從那些比賽中感受到興奮，會將這種情緒轉移至廣告或是宣傳內容裡的商品。

　　當然除了將你的訊息與正面或相關刺激做連結這樣明顯的技巧，還有其他幾種不那麼明顯的方式也很適用。

　　（一）、充分利用隱喻：你可能沒有察覺到，其實隱喻的手法無處不在。事實上有些研究專家爭議我們對世界的理解大多透過七個「深度隱喻」（Zaltman & Zaltman, 2008）。

　　仔細想一想其實蠻合理的。如果我們一直藉由將新的概念與語意網路既有的概念做相連來不斷地學習，總有一個會是起點，所有我們學到的新事物都會跟語意網路最深的元素有聯繫，一個與生存本能相關的元素，像是吃東西，當你將這個元素反應至語言的話，你會開始注意到其實含有大量的隱喻（Lakoff & Johnson, 1980）。

　　不相信我嗎？好吧，但我希望你能忍耐一下（swallow your pride）並試著讀完這篇令人深思的段落（stomach this meaty paragraph）。別擔心，我不會拿考試作為理由來要你把這些都背下來的（regurgitate），純粹分享出來給大家思考（food for thought）。如果這個尚未成熟（half-baked）的構想沒辦法說服你的話，至少給它個機會消化沉澱一下（digest and simmer），也許一段時間後它會開始侵蝕你的思想（eat away at you）。一旦你開始理解這些以食物作為隱喻的半熟品內容之後，會覺得這也許像是一個悲喜交雜的頓悟（bittersweet epiphany）。又或者你對這個想法還是存有懷疑（smells fishy），無法讓你百分之百信服（sink your teeth into），我希望你還是能盡量讀完（devour）剩餘的內容並且覺得很挫敗（sour taste in your mouth）。只要你不覺得這本書的銷售會很短命（flavor of the month）的話，我就已經很欣慰了，或者照我的說法，我已經能嘗到勝利的甜蜜滋味（sweet smell of victory）。

語言的來源及使用一直是研究學者們試圖想要理解的一個迷人話題（對此書來說太過艱深了）。我想要闡述的重點是我們常透過將一個新的概念與其他我們較熟悉的概念互相連結來學習新事物。更重要的是你可以利用我們天生仰賴隱喻的優勢來使用一些説服技巧。以下為其中兩個這樣的方法。

1、**利用「好即是上」的隱喻**：除了食物以外，其他與隱喻有關的還有空間定位。特別是垂直的位置已成為物品「好」的表示。在他們把文章的標題訂為「為什麼晴朗是向上的那一面？」的一文中，Brian Meier 與 Michael Robinson（2004）對隱喻作了以下描述：

位於上方或高處的物品通常被認為是好的，反之在下方或低處的物品會被視為是不好的。在《聖經》中常看到好人「上」天堂，罪人「下」地獄。媒體給予電影評語也會對好的電影「豎起大拇指」，較差的電影就是「大拇指向下（英文表示不看好或不認可之意）」……吸大麻的人常會覺得「很嗨」，但是當愉悦感退散後，他們會覺得「很低落」，快樂的人也會感到「情緒高昂」，而憂鬱的人會覺得心情遭遇了「低潮」（Meier & Robinson, 2004, p. 243）。

因為「好」已經讓人們與「向上」的想法做了連結，於是你可以讓你的説服訊息與在上方的東西連結來加強對方的注意。

假設你要購買一則雜誌的廣告，編輯讓你在同一頁的兩處地方刊登你的廣告：一處是在靠近頁面上方，另一處則是靠近下方。雖然大部分的人都不會太過在意，但若想要激發讀者「好即是上」的關聯性，你應該選擇近頁面上方的地方刊登你的廣告，這樣可以為你的宣傳商品與廣告帶來較佳的觀感。

你甚至不需要成為廣告商也能夠利用此原理的優勢。希望你的小孩和另一半吃得更健康嗎？可以試著重新擺放冰箱內的物品，將較營養的食物放在接近上方的位置，並將垃圾食物放在冰箱下方，這樣的擺放安排可以加強目標的語意網路中「好即是上即是健康」的聯想。這聽來可能很難令人置信，但是行銷相關的研究顯示消費者對於陳列在商店貨架

較上方位置的商品有較高的評價。

2、利用隱喻溝通：基於我們仰賴隱喻來理解新觀念的天性，為什麼不乾脆利用隱喻來交換訊息呢？就像我之前所說的，人們會和語意網路內的原有概念做聯想來學習新事物。因此你可以和已經存在於目標語意網路內的概念相比較來更有效地傳達你的訊息。

這個想法對抽象的概念來說特別地重要。有經驗的行銷人員一直反覆強調他們商品無形的好處與有形的東西（如高品質）的關聯性，因為這樣的隱喻能幫助消費者好像能「碰觸」到那些好處。比如說 Gerald 和 Lindsay Zaltman（2008）描述保險業者常利用消費者對於雨傘（旅行家財產保險公司）、石頭（英國保誠保險）及雙手（Allstate 保險公司）的聯想來傳達保護、堅固與支持。

隱喻的手法不僅能讓訊息溝通更有效率，也可以加強接收者對你的信任。根據之前與大學幾個教授同時也是我死黨一起進行的實驗，我們發現如果你讓接收者想到他已經熟悉的事物來做溝通的話，你會增加他們對你情感上的信任，讓他們「直覺」你是可靠的（Kolenda, McGinnis, & Glibkowski, 2012）。重點是：如果需要傳遞給對方一個新的概念，應該要將其與他們已經熟悉的概念做串聯。

（二）、與自然發生的觸發因子做聯想：這裡來做一個快速的練習：腦中列出 5 個汽水品牌。你的清單列出來了嗎？令人驚訝的是，根據你閱讀本書的時間點，你的清單可能包含不同的品牌。

在研究學者 Berger 與 Fitzsimons（2008）進行的實驗中，他們詢問受測者列出汽水和巧克的品牌，如果時間點在萬聖節之前，他們發現受測者較有可能在巧克力和汽水清單中分別包含 Reese's 和 Sunkist 橘子汽水，當其他受測者在一周後被問及同樣的問題，答覆為 Reese's 和 Sunkist 橘子汽水的頻率便降低很多。

為什麼那些商品在萬聖節前會變得比較受歡迎呢？這三個概念，Reese's 巧克力、Sunkist 橘子汽水和萬聖節都有著共同的特色，它們都是橘色的。受測者在萬聖節前夕被問及這個問題時，較有可能包含這兩

個品牌在清單內，因為讓他們很容易想起橘色，因為橘色的概念已被喚起，於是這些品牌就很容易因為語意網路中的啟動而浮現在他們腦中。

雖然這些都是蠻明顯的暗示（老實說商店很常在萬聖節的時候以橘色相關商品引起消費者注意），不過同樣一群研究員進行了一項相似的實驗，提供受測者橘色或是綠色的筆來完成問卷。即便是像這樣間接的暗示，筆的顏色確實影響了受測者在問卷對於商品的評價。被分配到橘色筆完成問卷的受測者多半喜歡與橘色相關的商品（例如芬達），而拿到綠色筆的受測者則較偏愛綠色的商品（萊姆 Gatorade 運動飲料）。這樣隱約的接觸也啟動了概念流暢度：如果接觸到橘色筆，那麼他們就容易想到和橘色相關的商品，對於此商品的處理流暢度會被錯誤歸咎於因為喜愛特定商品（同樣原理也適用於綠色筆）。

因為這樣隱約的暗示，像筆的顏色一樣，可以觸發特定的概念。廣告業者就是利用概念流暢度的優勢，將他們的訊息和其認知相似的環境暗示做連結，以常用來作為品牌象徵的品牌人物為例，無論是真的人、動物還是物品。許多現在看到的品牌人物都是虛構（如 Pillsbury 麵團男孩，美國一家食品公司旗下的虛構人物）或者是在日常生活中不常見的（如東尼老虎，美國穀類早餐品牌的象徵人物）。與其選擇一個虛構或是不常見的象徵代表，不如選一個觀眾平常就很熟悉的代表人物還來的有效，因為這些「自然發生的心態誘發」可以提醒人們所要傳達的訊息。

美國 E*Trade 金融機構所推出的說話寶寶廣告是一個更有效果的行銷策略。他們的廣告不僅讓觀眾可以隱約聯想到公司的正面訊息（像是他們的服務很好用，連寶寶都會用），還是這是個很普遍常見的誘發媒介（我敢說平常你遇見小嬰兒的機會應該會比你遇到老虎的機會要高吧）。事實上，下一次你看到小嬰兒的時候，和他父母開啟話題的第一句便是：「你們有沒有看過裡面有說話寶寶的那個廣告？」，讓 E*Trade 金融機構的名號口耳相傳。

或許另一個比品牌人物更有效的方法是能夠將你的訊息與自然發生的狀態做聯繫，比如說飢餓或是口渴。假設一個廣告業者用說話的寶寶

來設計食物的廣告。廣告可以採用一個普遍的用詞像是「食物寶寶」（通常指某人剛嚥下很多食物然後嘴巴鼓起的模樣）。第一幕可以拍攝一個人肚子很餓的感覺，第二幕則將鏡頭轉至那個人的胃裡面，讓大家看到裡面空空如也，第三個鏡頭是拍攝說話的寶寶在度假（暗指那個人很餓，因為食物寶寶沒有在她的肚子裡）。這聽起來是個很誇張的例子，但是卻運用了幾個心理學的原理。

>> 首先，因為這個廣告夠誇張，所以很難讓人忘記（這種詭異的效果足以說明為什麼越讓人覺得詭異的照片反而越容易被記住，McDaniel et al., 1995）。

>> 其二，下次當人們經歷自然發生的需求，像是肚子餓的時候，自然會想到你的食物品牌。在感到肚子餓的時候，他們也許會想起你那個關於食物寶寶的誇張廣告，並觸發他們對你品牌的記憶。

>> 第三，你的品牌會這麼容易浮現在他們的腦海中是因為概念流暢度的緣故，而他們輕易地想記起你的品牌，讓他們錯誤地以為自己其實很喜愛這個牌子（Lee & Labroo, 2004）。

>> 第四，因為他們已經在需求必須要被滿足的狀態下（如飢餓），所以會積極地找尋方法來解決他們的需求，既然他們已經聯想到你的品牌，品牌旗下的商品自然就成為他們解決飢餓需求的完美選擇。

>> 最後，每次他們看到小嬰兒的時候（或是聽到「食物寶寶」這個詞的時候），他們可能會詢問身邊的朋友是否有看過你們家的廣告，於是便會從討論你的品牌來開啟話題（Berger, 2013）。這些對話可能會幫助口耳散播你的品牌，並自動成為你行銷的一部分。

雖然這個方法與行銷有著極大的關聯，但是背後的原理卻非常有影響力。要讓對方不要忘記你的產品或訊息，你必須要將它們與大家所熟悉的事物聯想在一起。每一次只要他們接觸到這些「自然發生的觸發因子」，就可能會聯想到你的商品或訊息。

（三）、加強你的吸引力：歡迎來到此書最後一個說服策略。我決定要在最後帶給大家一個議題是能夠：1、為強大的說服力做一個完美總結，並且 2、能一直成為最大的需求。在這個方法中，你可以學到如何加強別人對你吸引力的評價。

想像一下當你在一條堅固的橋上協助一位研究人員完成一份問卷。如果你走的橋並不穩固安全，而是一條會搖晃的吊橋的話，你對這位研究人員的外貌觀感是否會改變？研究顯示這個觀感確實會因為情緒被高度喚起之下而改變（沒錯，就是前面幾章所提到的情緒激發狀態）。

Dutton 和 Aron 在 1974 年進行了這個在橋上的實驗來檢測情緒激發與吸引力的關聯。在他們的實驗裡，一名女性工作人員向前詢問在吊橋或者是在穩固的橋上經過的男性受測對象。在受測者完成問卷後，女性工作人員給了受測者她們的電話，並歡迎如果有任何疑問可以打電話給她，而結果令人訝異，在安全橋上的 16 位男性受測者當中，只有 2 位（13%）有進一步打這通電話。但是走在吊橋上的共 18 位受測者當中，卻有 9 位（一半的人）打給這位女性研究人員。

因為吊橋本身的危險性讓經過的男性受測者感受到較高的情緒激發（心跳加速、呼吸加重等等），他們會因此而找尋周圍的線索來解釋他們情緒。雖然這座橋是其中一個可能的解釋，但女性研究人員也是另一個可能性。因為走在安全橋上面的男性沒有感覺到任何情緒激發，所以並沒有可以錯誤歸咎於女性工作人員的契機，所以比較少人進一步打電話給她。

其他研究甚至發現人們其實能夠意識到他們情緒激發的真正來源，但是仍然能夠發展出對另一個人的強烈吸引力。你正躺在牙醫的躺椅上，突然蹦地一聲！躺椅突然往後倒了 35 度角，接著一個很重的銅盤與地上的鐵板撞擊在一起，發出一聲巨響。除非你是超人，否則沒有人可以不被剛才的聲音給嚇到，就像是其中實驗的受測者一樣（Dienstbier, 1989）。雖然受測者可以清楚地知道剛才情緒激發的來源為何，他們還是認為旁邊的工作人員更具吸引力。

你又能如何利用這個原理的優勢來增加別人對你的吸引力評價呢？很幸運地除了搖晃的吊橋和壞掉的牙醫躺椅之外，生活中有許多情況可以讓人們自然地經歷情緒激發。如果你希望能遇見夢中情人，其中一個選擇就是去健身房，那是一個幾乎所有人都處於可以被自然情緒激發的地方。當你與同在健身的人互動時，他們很容易會解讀自己的情緒激發是因為被你吸引的緣故，所以讓你有更高的機會可以與一起在健身房運動的人擦出愛的火花（White, Fishbein, & Rutsein, 1981）。

同樣的道理，一開始與對方約會時，可以選擇會自然發生情緒激發的地方，像是看恐怖片或是去遊樂場所做為約會地點。恐怖片已經過證實可以增加情侶的緊密關係（Cohen, Waugh, & Place, 1989），雲霄飛車也可以讓人們覺得坐在旁邊的人更有吸引力（Meston & Frohlich, 2003）。

當然也有其他的選擇，只要你運用一些創意腦力激盪。如同本書所做的其他範例，你並不是只能遵從範例中所列的方法，我在一開始的引言已經提到，我會說明每個理論背後的原理，這樣你就可以自行發揮創意發展自己的說服策略。與其直接把魚丟給你，我的目的是要教會你怎麼釣魚。

現在你已經學會如何支配人類行為的一些方法，可以開始發展出自己的一套創意策略。我有自信你馬上會發現這些應用真的沒有侷限。就像操偶人可以利用線繩來控制木偶，很快地你會發現自己可以成為一個高級操偶人，支配著這世界上這麼多人類木偶。隨著最後一個「隱喻」，我現在就要呈現給你們最後一個現實生活的應用，並在之後做個總結，幫助你了解本書所介紹的所有概念。

三、現實生活應用：家族旅行（Part 3）

你已經逐漸攻破你先生封閉的心房，現在他在猶豫家族旅行要不要選擇迪士尼樂園，為了加強你的說服力，你決定利用古典制約來讓他對度假有更多憧憬。

每次你先生心情好的時候，你都會提起旅行的想法，但是你不會將家族旅行這件事拿出來討論（他可能會懷疑你的動機而產生心理抗拒），而是和家族旅行不相關的事情，像是你的同事最近去了一趟法國或是你們家幾年前去義大利旅遊的事。

　　這個技巧不僅可以進一步加強你先生對於旅行的想法，也利用古典制約讓他對旅行這個想法開始有興趣，反覆地在你先生心情愉快的時候帶起旅遊這件事，也可以讓他正面的情緒轉移至家族旅行，他會因為反覆接觸到這些話題而不經意地對旅遊度假開始產生正面看法。

　　就在你施行這個制約的手法一到兩個禮拜後，你再一次地向你先生提及家族旅行去迪士尼樂園的這個計畫，他的回應讓你鬆了一口氣，他終於答應了。帶著喜悅的心情，你給他一個大大的擁抱和深情的吻，腦子一邊在盤算著旅遊計畫，你已經迫不及待要給你女兒一個永生難忘的美好回憶了。

總結

　　好啦，這就是《操偶讀心術─就靠這招說服你》一書所有的內容。我們已經正式來到結尾，你可以展開笑容放鬆一下了。

　　在我為本書幾個主要理論做**總結**之前，換我來試著說服你答應一個請求。但情況對我不是很有利，因為你現在已經對我的招數非常熟悉了，如果我試圖利用書裡所列出的方法，應該馬上就會被看穿了吧，所以我必須要依賴這最後一個說服技巧：一個真正發自內心的呼籲。

　　我的請求是什麼呢？我希望你們能夠每人買 100 本書然後分送給親朋好友，讓更多人知道我的著作……開玩笑的啦！我的請求其實很簡單，而且我會給你們兩個選項做選擇（當然你選擇兩個都要，那是再好不過了！）。如果你認為這本書裡面的資訊很有趣也很有幫助的話，請為我做下列兩件對我有極大幫助的事：

　　>> 請在亞馬遜網路書店為我的書寫正面評價（這樣可以幫我的書取得社會認同）。

　　>> 到我的個人網站 www.NickKolenda.com 訂閱

我的部落格（這樣你就可以收到所有我新釋出的文章、書籍以及影片）。

　　雖然我說不要用我書裡提到的理論……不過我可能還是用了一些，好啦，也許不只一些，你們有察覺我短短的幾句請求裡面其實涵蓋了一半以上書中介紹的理論嗎？讓我們回頭看看我用了哪些理論，你就會更加懂得如何運用在你的生活中，也趁機做個總整理。

　　我在第一個段落就提到，已經來到結尾你可以展開笑容放鬆一下，在這裡使用「笑容」有兩個目的。首先讓你們接觸到「笑容」一詞可以激發你真的做出微笑的臉部動作（Foroni & Semin, 2009），所以我試圖要掌控你們的肢體語言（第4章）。第二，人們通常會將「笑容」與開放心態的想法聯想在一起，讓你們接觸到這個詞應該可以觸動你開放新事物的想法（第1章）。

　　更重要地，你會注意到我說你已經可以展開笑容，因為「我們」已經正式來到結尾，我以第一人稱來強調我們屬於同一個群組（第7章），因為這樣隱約地暗示我們共同撐

過了這趟艱鉅的旅程。

　　接下來的段落，你可能有注意到總結這兩個字特別以粗體字呈現，可能顯得有些突兀。刻意將這個詞用粗體字是我在利用顛覆傳統技術希望抓住你們的目光，如果你只是順著一直唸下去，這個「錯誤」可能會讓你從自動駕駛模式中清醒過來，這樣你就會以系統式處理法來評估我的請求（第10章）。

　　在同樣一個段落，我故意說用書裡面提到的方法也沒有用，其實我是在講反話並刻意偽裝我的企圖，讓你們感覺我沒有要說服你們或是控制你們的行為，否則你們可能會有心理抗拒的反應，並拒絕我的請求（第13章）。

　　就在我提出請求之前，我利用對比效果來設定你們的參考值，一開始需要你們購買100本書的請求真的太大，導致之後提出的兩個小請求應該會讓你們覺得很輕鬆，但如果一開始我沒有先提出比較困難的請求的話，或許你們就無從比較（第2章）。

　　即使我的兩個小請求也包含了一些理論在裡面。我不只是給了你們兩個選擇來鼓勵你們的自主性（第12章），我也在請求之後提出了理由。如果你還是在用捷思式處理法的話（我們多少都會這樣），你會假設這些理由都很正當，就

比較有可能會答應我的請求（第 11 章）。

　　要將這些理論融合在日常生活中一點也不難。只是一個簡單的請求，我就用了本書超過半數以上的方法，就算你有意識到我還是使用了這些理論，但我敢保證仍有些部分是你沒注意到的，這正是另外一個好處，當你用在不曾接觸過這些理論的人身上，它們會更加不明顯。最後我希望你們都能明白，雖然本書是逐步地在介紹每個過程，你還是可以直接抽取其中一個步驟或是理論來使用。

　　METHODS 的過程是個非常有效的導引，但不一定非要按部就班的執行，大家可以隨意於自己的生活中發揮。

　　撇開一切的理論應用不說，如果你能答應我先前提出的任何一個請求對我都是很大的幫助，如果你認為本書並不值得你為我做那兩件事，也麻煩你讓我知道該如何改進。我為了想讓這本書既有趣又有益，投入了非常多的心力跟時間，如果你們對這本書有任何建議，我衷心希望你們能讓我知道，好讓我在下一個版本可以讓它變得更好。

資料來源

1、Aarts, H., & Dijksterhuis, A. (2003). The silence of the library: Environment,situational norm, and social behavior. *Journal of Personality and Social Psychology*, 84(1), 18–28.

2、Alter, A. L., & Oppenheimer, D. M. (2006). Predicting short-term stock fluctuations by using processing fluency. *Proceedings of the National Academy of Sciences*,03(24), 9369–9372.

3、Alter, A. L., & Oppenheimer, D. M. (2009). Uniting the tribes of fluency to form a metacognitive nation. *Personality and Social Psychology Review*, 13(3), 219–235.

4、Anderson, C. A., & Bushman, B. J. (2001). Effects of violent video games on aggressive behavior, aggressive cognition, aggressive affect, physiological arousal, and prosocial behavior: A metaanalytic review of the scientific literature. *Psychological Science*,12(5), 353–359.

5、Ariely, D. (2009). *Predictably Irrational: The Hidden Forces that Shape our Decisions*. New York: HarperCollins.

6、Ariely, D., Gneezy, U., Loewenstein, G., & Mazar, N. (2009). Large stakes and big mistakes. *The Review of Economic Studies*, 76(2),451–469.

7、Aronson, E., & Carlsmith, J. M. (1963). Effect of the severity of threat on the devaluation of forbidden behavior. *The Journal of Abnormal and Social Psychology*, 66(6), 584.

8、Asch, S. (1946). Forming impressions of personality. *Journal of Abnormal Psychology*, 41, 258.

9、Asch, S. (1951). Effects of group pressure upon the modification and distortion of judgments. *Groups, Leadership, and Men*. S, 222–236.

10、Baeyens, F., Eelen, P., Crombez, G., & Van den Bergh, O. (1992).Human evaluative conditioning: Acquisition trials, presentation schedule, evaluative style and contingency awareness. *Behaviour Research and Therapy*, 30(2), 133–142.

11、Bargh, J. A., Chen, M., & Burrows, L. (1996). Automaticity of social behavior: Direct effects of trait construct and stereotype activation on action. *Journal of Personality and Social Psychology*, 71(2), 230–244.

12、Berger, J. (2013). Contagious: *Why Things Catch On*. New York: Simon &Schuster.

13、Berger, J., & Fitzsimons, G. (2008). Dogs on the street, pumas on your feet: How cues in the environment influence product evaluation and choice. *Journal of Marketing Research*, 45(1), 1–14.

14、Bem, D. J. (1972). Self-Perception *Theory. Advances in Experimental*

Social Psychology, 6, 1–62.

15、Bless, H., Bohner, G., Schwarz, N., & Strack, F. (1990). Mood and persuasion: A cognitive response analysis. *Personality and Social Psychology Bulletin*, 16(2), 331–345.

16、Bornstein, R. F., Leone, D. R., & Galley, D. J. (1987). The generalizability of subliminal mere exposure effects: Influence of stimuli perceived without awareness on social behavior. *Journal of Personality and Social Psychology*, 53(6), 1070–1079.

17、Bransford, J. D., & Johnson, M. K. (1972). Contextual prerequisites for understanding: Some investigations of comprehension and recall. *Journal of Verbal Learning and Verbal Behavior*, 11(6), 717–726.

18、Brehm, J. W. (1966). *Response to loss of freedom: A theory of psychological reactance*. New York: Academic Press.

19、Brendl, C. M., Chattopadhyay, A., Pelham, B. W., & Carvallo, M. (2005). Name letter branding: Valence transfers when product specific needs are active. *Journal of Consumer Research*, 32(3), 405–415.

20、Brinõl, P., & Petty, R. E. (2008). Embodied persuasion: Fundamental processes by which bodily responses can impact attitudes.*Embodiment Grounding: Social, Cognitive, Affective,* and Neuroscientific Approaches, 184–207.

21、Brock, T. C. (1968). Implications of commodity theory for value change. *Psychological Foundations of Attitudes*, 243–275.

22、Bull, P. E. (1987). *Posture and Gesture* (Vol. 16). Oxford: Pergamon Press.

23、Burger, J. M., Horita, M., Kinoshita, L., Roberts, K., & Vera, C. (1997). Effects on time on the norm of reciprocity. *Basic and Applied Social Psychology*, 19(1), 91–100.

24、Burger, J. M., Messian, N., Patel, S., del Prado, A., & Anderson, C. (2004). What a coincidence! The effects of incidental similarity on compliance. *Personality and Social Psychology Bulletin*, 30(1), 35–43.

25、Burger, J. M., Sanchez, J., Imberi, J. E., & Grande, L. R. (2009). The norm of reciprocity as an internalized social norm: Returning favors even when no one finds out. *Social Influence*, 4(1), 11–17.

26、Burnkrant, R. E., & Unnava, H. R. (1995). Effects of self-referencing on persuasion. *Journal of Consumer Research*, 22(1), 17–26.

27、Bushman, B. J., & Stack, A. D. (1996). Forbidden fruit versus tainted fruit: Effects of warning labels on attraction to television violence.

Journal of Experimental Psychology: Applied, 2(3), 207–226.

28、Carlin, A. S., Hoff man, H. G., & Weghorst, S. (1997). Virtual reality and tactile augmentation in the treatment of spider phobia: a case report. *Behaviour Research and Therapy*, 35(2), 153–158.

29、Catherall, D. R. (2004). *Handbook of Stress, Trauma, and the Family* (Vol.10). New York: Brunner-Routledge.

30、Chaiken, S. (1980). Heuristic versus systematic information processing and the use of source versus message cues in persuasion. *Journal of Personality and Social Psychology*, 39(5), 752–766.

31、Chandon, P., Hutchinson, J. W., Bradlow, E. T., & Young, S. H. (2009). Does in-store marketing work? Effects of the number and position of shelf facings on brand attention and evaluation at the point of purchase. *Journal of Marketing*, 73, 1–17.

32、Chartrand, T. L., Dalton, A. N., & Fitzsimons, G. J. (2007). Nonconscious relationship reactance: When significant others prime opposing goals. *Journal of Experimental Social Psychology*, 43(5), 719–726.

33、Chatterjee, A. (2010). Neuroaesthetics: A coming of age story. *Journal of Cognitive Neuroscience*, 23(1), 53–62.

34、Chernev, A. (2011). Semantic anchoring in sequential evaluations of vices and virtues. *Journal of Consumer Research*, 37(5), 761–774.

35、Cialdini, R. B. (2001). Influence: *Science and Practice*. Boston: Allyn & Bacon.

36、Cialdini, R. B. (2003). Crafting normative messages to protect the environment. *Current Directions in Psychological Science*, 12(4), 105–109.

37、Cialdini, R. B., Demaine, L. J., Sagarin, B. J., Barrett, D. W., Rhoads, K., & Winter, P. L. (2006). Managing social norms for persuasive impact. *Social Influence*, 1(1), 3–15.

38、Cialdini, R. B., Reno, R. R., & Kallgren, C. A. (1990). A focus theory of normative conduct: Recycling the concept of norms to reduce littering in public places. *Journal of Personality and Social Psychology*, 58(6), 1015–1026.

39、Cialdini, R. B., Vincent, J. E., Lewis, S. K., Catalan, J., Wheeler, D., & Darby, B. L. (1975). Reciprocal concessions procedure for inducing compliance: The door-in-the-face technique. *Journal of Personality and Social Psychology*, 31(2), 206–215.

40、Cohen, B., Waugh, G., & Place, K. (1989). At the movies: An unobtrusive study of arousal-attraction. *The Journal of Social Psychology*,129(5), 691–693.

41、Collins, A. M., & Loftus, E. F. (1975). A spreading-activation theory of semantic processing. *Psychological Review*, 82(6), 407–428.

42、DeBono, K. G., & Krim, S. (1997). Compliments and perceptions of product quality: An individual difference perspective. *Journal of Applied Social Psychology*, 27(15), 1359–1366.

43、Deci, E. L., & Ryan, R. M. (1980). The empirical exploration of intrinsic motivational processes. *Advances in Experimental Social Psychology*,13(2), 39–80.

44、Deighton, J., Romer, D., & McQueen, J. (1989). Using drama to persuade. *Journal of Consumer Research*, 335–343.

45、DeWall, C. N., MacDonald, G., Webster, G. D., Masten, C. L., Baumeister,R. F., Powell, C., Combs, D., Schurtz, D., Stillman, T., Tice,D., & Eisenberger, N. I. (2010). Acetaminophen reduces social pain behavioral and neural evidence. *Psychological Science*, 21(7),931–937.

46、Diehl, K., & Lamberton, C. (2008). Great expectations?! Assortment size, expectations and satisfaction. *Journal of Marketing Research*,47(2), 312–322.

47、Dienstbier, R. A. (1989). Arousal and physiological toughness: implications for mental and physical health. *Psychological Review*, 96(1), 84.

48、Dijksterhuis, A., & van Knippenberg, A. (1998). The relation between perception and behavior, or how to win a game of Trivial Pursuit. *Journal of Personality and Social Psychology*, 74(4), 865.

49、Drolet, A. L., & Morris, M. W. (2000). Rapport in conflict resolution Accounting for how face-to-face contact fosters mutual cooperation in mixed-motive conflicts. *Journal of Experimental Social Psychology*,36(1), 26–50.

50、Dutton, D. G., & Aron, A. P. (1974). Some evidence for heightened sexual attraction under conditions of high anxiety. *Journal of Personality and Social Psychology*, 30(4), 510.

51、Dunyon, J., Gossling, V., Willden, S., & Seiter, J. S. (2010). Compliments and purchasing behavior in telephone sales interactions. *Psychological Reports*, 106(1), 27.

52、Eisenberger, N. I., & Lieberman, M. D. (2004). Why rejection hurts: acommon neural alarm system for physical and social pain. *Trends in*

Cognitive Sciences, 8(7), 294–300.

53、Englich, B., Mussweiler, T., & Strack, F. (2006). Playing dice with criminal sentences: The influence of irrelevant anchors on experts' judicial decision making. *Personality and Social Psychology Bulletin*,32(2), 188–200.

54、Epley, N., & Gilovich, T. (2006). The anchoring-and-adjustment heuristic:Why the adjustments are insufficient. *Psychological Science*,17(4), 311–318.

55、Epley, N., & Whitchurch, E. (2008). Mirror, mirror on the wall: Enhancement in self-recognition. *Personality and Social Psychology Bulletin*, 34(9), 1159–1170.

56、Falk, A., & Kosfeld, M. (2006). The hidden costs of control. *The American Economic Review*, 1611–1630.

57、Festinger, L., & Carlsmith, J. M. (1959). Cognitive consequences of forced compliance. *The Journal of Abnormal and Social Psychology*,58(2), 203.

58、Fitzsimons, G. M., & Bargh, J. A. (2003). Thinking of you: Nonconscious pursuit of interpersonal goals associated with relationship partners. *Journal of Personality and Social Psychology*, 84(1), 148.

59、Fitzsimons, G. M., Chartrand, T. L., & Fitzsimons, G. J. (2008). Automatic effects of brand exposure on motivated behavior: how apple makes you "think different." *Journal of Consumer Research*, 35(1),21–35.

60、Foroni, F., & Semin, G. R. (2009). Language that puts you in touch with your bodily feelings: The multimodal responsiveness of affective expressions. *Psychological Science*, 20(8), 974–980.

61、Förster, J. (2003). The influence of approach and avoidance motor actions on food intake. *European Journal of Social Psychology*, 33(3),339–350.

62、Freedman, J. L., & Fraser, S. C. (1966). Compliance without pressure: The foot-in-the-door technique. *Journal of Personality and Social Psychology*,4(2), 195–202.

63、Friedman, R., & Elliot, A. J. (2008). The effect of arm crossing on persistence and performance. *European Journal of Social Psychology*,38(3), 449–461.

64、Frieze, I. H., Olson, J. E., & Russell, J. (1991). Attractiveness and income for men and women in management. *Journal of Applied Social*

Psychology,21(13), 1039–1057.

65、Gandhi, B., & Oakley, D. A. (2005). Does 'hypnosis' by any other name smell as sweet? The efficacy of 'hypnotic' inductions depends on the label 'hypnosis.' *Consciousness and Cognition*, 14(2), 304–315.

66、Gawronski, B., Bodenhausen, G. V., & Becker, A. P. (2007). I like it, because I like myself: Associative self-anchoring and postdecisional change of implicit evaluations. *Journal of Experimental Social Psychology*, 43(2), 221–232.

67、Glocker, M. L., Langleben, D. D., Ruparel, K., Loughead, J. W., Gur, R.C., & Sachser, N. (2009). Baby schema in infant faces induces cuteness perception and motivation for caretaking in adults. *Ethology*,115(3), 257–263.

68、Gneezy, U., Meier, S., & Rey-Biel, P. (2011). When and why incentives (don't) work to modify behavior. *The Journal of Economic Perspectives*,25(4), 191–209.

69、Gneezy, U., & Rustichini, A. (2000a). Pay enough or don't pay at all. *The Quarterly Journal of Economics*, 115(3), 791–810.

70、Gneezy, U., & Rustichini, A. (2000b). A Fine is a Price. *The Journal of Legal Studies*, 29(1), 1–17.

71、Goldsmith, K., Cho, E. K., & Dhar, R. (2012). When guilt begets pleasure: The positive effect of a negative emotion. *Journal of Marketing Research*, 49(6), 872–881.

72、Goldstein, N. J., & Cialdini, R. B. (2007). The spyglass self: A model of vicarious self-perception. *Journal of Personality and Social Psychology*,92(3), 402.

73、Goldstein, N. J., Cialdini, R. B., & Griskevicius, V. (2008). A room with a viewpoint: Using social norms to motivate environmental conservation in hotels. *Journal of Consumer Research*, 35(3), 472–482.

74、Guéguen, N. (2009). Mimicry and seduction: An evaluation in a courtship context. *Social Influence*, 4(4), 249–255.

75、Guéguen, N., Martin, A., & Meineri, S. (2011). Mimicry and helping behavior: an evaluation of mimicry on explicit helping request. *The Journal of Social Psychology*, 151(1), 1–4.

76、Harmon-Jones, E. (2000). Cognitive dissonance and experienced negative affect: Evidence that dissonance increases experienced negative affect even in the absence of aversive consequences. *Personality and Social Psychology Bulletin*, 26(12), 1490–1501.

77、Hassin, R. R. (2008). Being open minded without knowing why: Evidence from nonconscious goal pursuit. *Social Cognition*, 26(5),578–592.

78、Hildum, D. C., & Brown, R. W. (1956). Verbal reinforcement and interviewer bias. *Journal of Abnormal Psychology*, 53(1), 108.

79、Holland, R. W., Hendriks, M., & Aarts, H. (2005). Smells like clean spirit: Nonconscious effects of scent on cognition and behavior. *Psychological Science*, 16(9), 689–693.

80、Holland, R. W., Wennekers, A. M., Bijlstra, G., Jongenelen, M. M., &Van Knippenberg, A. (2009). Self-symbols as implicit motivators. *Social Cognition*, 27(4), 579–600.

81、Houlfort, N., Koestner, R., Joussemet, M., Nantel-Vivier, A., & Lekes,N. (2002). The impact of performance-contingent rewards on perceived autonomy and competence. *Motivation and Emotion*, 26(4),279–295.

82、Howard, D. J. (1990). The influence of verbal responses to common greetings on compliance behavior: The foot-in-the-mouth effect. *Journal of Applied Social Psychology*, 20(14), 1185–1196.

83、Huang, L., Galinsky, A. D., Gruenfeld, D. H., & Guillory, L. E. (2011). Powerful postures versus powerful roles: Which is the proximate correlate of thought and behavior? *Psychological Science*, 22(1), 95–102.

84、Huber, J., Payne, J. W., & Puto, C. (1982). Adding asymmetrically dominated alternatives: Violations of regularity and the similarity hypothesis. *Journal of Consumer Research*, 90–98.

85、I wonder if anyone actually reads these references. If you happened to stumble upon this hidden message, then pat yourself on the back. There's some really cool research here that you might find very helpful.

86、Iyengar, S. S., Huberman, G., & Jiang, W. (2004). How much choice is too much? Contributions to 401 (k) retirement plans. *Pension Design and Structure: New Lessons from Behavioral Finance*, 83–96.

87、Jacob, C., Gueguen, N., Martin, A., & Boulbry, G. (2011). Retail salespeople's mimicry of customers: Effects on consumer behavior. *Journal of Retailing and Consumer Services*, 18(5), 381–388.

88、Jones, M. C. (1924). The elimination of children's fears. *Journal of Experimental Psychology*, 7(5), 382.

89、Jones, C. R., Olson, M. A., & Fazio, R. H. (2010). Evaluative conditioning:The "how" question. *Advances in Experimental Social*

Psychology,43, 205–255.

90、Jostmann, N. B., Lakens, D., & Schubert, T. W. (2009). Weight as an embodiment of importance. *Psychological Science*, 20(9), 1169–1174.

91、Kawabata, H., & Zeki, S. (2004). Neural correlates of beauty. *Journal of Neurophysiology*, 91(4), 1699–1705.

92、Kenrick, D. T., Gutierres, S. E., & Goldberg, L. L. (1989). Influence of popular erotica on judgments of strangers and mates. *Journal of Experimental Social Psychology*, 25(2), 159–167.

93、Koenigs, M., & Tranel, D. (2008). Prefrontal cortex damage abolishes brand-cued changes in cola preference. *Social Cognitive and Affective Neuroscience*, 3(1), 1–6.

94、Kolenda N, McGinnis L, Glibkowski B. (2012). Knowledge transfer antecedents and consequences: A conceptual model. Working paper.

95、Krosnick, J. A., Betz, A. L., Jussim, L. J., Lynn, A. R., & Stephens, L.(1992). Subliminal conditioning of attitudes. *Personality and Social Psychology Bulletin*, 18(2), 152–162.

96、Kuhn, S., Muller, B. C., van Baaren, R. B., Wietzker, A., Dijksterhuis,A., & Brass, M. (2010). Why do I like you when you behave like me? Neural mechanisms mediating positive consequences of observing someone being imitated. *Social Neuroscience*, 5(4),384–392.

97、Lakin, J. L., Jefferis, V. E., Cheng, C. M., & Chartrand, T. L. (2003). The chameleon effect as social glue: Evidence for the evolutionary significance of nonconscious mimicry. *Journal of Nonverbal Behavior*,27(3), 145–162.

98、Lakoff , G., & Johnson, M. (1980). The metaphorical structure of the human conceptual system. *Cognitive Science*, 4(2), 195–208.

99、Langer, E., Blank, A., & Chanowitz, B. (1978). The mindlessness of ostensibly thoughtful action: The role of "placebic" information in interpersonal interaction. *Journal of Personality and Social Psychology*,36(6), 635–642.

100、Latane, B., & Darley, J. M. (1968). Group inhibition of bystander intervention in emergencies. *Journal of Personality and Social Psychology*,10(3), 215–221.

101、Lee, L., Frederick, S., & Ariely, D. (2006). Try it, you'll like it: The influence of expectation, consumption, and revelation on preferences for beer. *Psychological Science*, 17(12), 1054–1058.

102、Lee, A. Y., & Labroo, A. A. (2004). The effect of conceptual and perceptual fluency on brand evaluation. *Journal of Marketing Research*,151–165.

103、Leippe, M. R., & Eisenstadt, D. (1994). Generalization of dissonance reduction: Decreasing prejudice through induced compliance. *Journal of Personality and Social Psychology*, 67(3), 395–413.

104、Lindgaard, G., Fernandes, G., Dudek, C., & Brown, J. (2006). Attention web designers: You have 50 milliseconds to make a good first impression! *Behaviour & Information Technology*, 25(2), 115–126.

105、Lynn, M., & McCall, M. (2009). Techniques for increasing servers' tips:How generalizable are they? *Cornell Hospitality Quarterly*, 50(2),198–208.

106、MacInnis, D. J., Moorman, C., & Jaworski, B. J. (1991). Enhancing and measuring consumers' motivation, opportunity, and ability to process brand information from ads. *Journal of Marketing*, 32–53.

107、Mackie, D. M., & Worth, L. T. (1991). Feeling good, but not thinking straight: The impact of positive mood on persuasion. *Emotion and Social Judgments*, 23, 210–219.

108、Macrae, C. N., & Johnston, L. (1998). Help, I need somebody: *Automatic action and inaction. Social Cognition*, 16(4), 400–417.

109、Madey, S. F., Simo, M., Dillworth, D., Kemper, D., Toczynski, A., & Perella,A. (1996). They do get more attractive at closing time, but only when you are not in a relationship. *Basic and Applied Social Psychology*, 18(4), 387–393.

110、Martin, P. Y., Hamilton, V. E., McKimmie, B. M., Terry, D. J., & Martin,R. (2007). Effects of caffeine on persuasion and attitude change: The role of secondary tasks in manipulating systematic message processing. *European Journal of Social Psychology*, 37(2), 320–338.

111、McClure, S. M., Li, J., Tomlin, D., Cypert, K. S., Montague, L. M., &Montague, P. R. (2004). Neural correlates of behavioral preference for culturally familiar drinks. *Neuron*, 44(2), 379–387.

112、McDaniel, M. A., Einstein, G. O., DeLosh, E. L., May, C. P., & Brady,P. (1995). The bizarreness effect: It's not surprising, it's complex.*Journal of Experimental Psychology. Learning, Memory, and Cognition*,21(2), 422.

113、McFerran, B., Dahl, D. W., Fitzsimons, G. J., & Morales, A. C. (2010a). Might an overweight waitress make you eat more? How the body type of others is sufficient to alter our food consumption. *Journal of Consumer Psychology*, 20(2), 146.

114、McFerran, B., Dahl, D. W., Fitzsimons, G. J., & Morales, A. C. (2010b). I'll have what she's having: Effects of social influence and body type on the food choices of others. *Journal of Consumer Research*,36(6), 915–929.

115、McGuire, W. J. (1964). Inducing resistance to persuasion: Some contemporary approaches. *Advances in Experimental Social Psychology*,1, 192–229.

116、Meier, B. P., & Robinson, M. D. (2004). Why the sunny side is up: Associations between affect and vertical position. *Psychological Science*,15(4), 243–247.

117、Meston, C. M., & Frohlich, P. F. (2003). Love at first fright: Partner salience moderates roller-coaster-induced excitation transfer.*Archives of Sexual Behavior*, 32(6), 537–544.

118、Milgram, S. (1973). Behavioral study of obedience. *Journal of Abnormal and Social Psychology,* 67(4), 371–378.

119、Miller, G. (1956). The magical number seven, plus or minus two: Some limits on our capacity for processing information. *The Psychological Review*, 63, 81–97.

120、Miller, N., & Campbell, D. T. (1959). Recency and primacy in persuasion as a function of the timing of speeches and measurements. *Journal of Abnormal Psychology*, 59(1), 1.

121、Mita, T. H., Dermer, M., & Knight, J. (1977). Reversed facial images and the mere-exposure hypothesis. *Journal of Personality and Social Psychology*, 35(8), 597–601.

122、Mogilner, C., Rudnick, T., & Iyengar, S. S. (2008). The mere categorization effect: How the presence of categories increases choosers'perceptions of assortment variety and outcome satisfaction. *Journal of Consumer Research*, 35(2), 202–215.

123、Monahan, J. L., Murphy, S. T., & Zajonc, R. B. (2000). Subliminal mere exposure: Specific, general, and diffuse effects. *Psychological Science*,11(6), 462–466.

124、Montoya, R. M., Horton, R. S., & Kirchner, J. (2008). Is actual similarity necessary for attraction? A meta-analysis of actual and perceived similarity. *Journal of Social and Personal Relationships*, 25(6),889–922.

125、Morales, A. C., & Fitzsimons, G. J. (2007). Product contagion: Changing consumer evaluations through physical contact with "disgusting"products. *Journal of Marketing Research*, 272–283.

126、Moreland, R. L., & Beach, S. R. (1992). Exposure effects in the classroom: The development of affinity among students. *Journal of Experimental Social Psychology*, 28(3), 255–276.

127、Murdock Jr., B. B. (1962). The serial position effect of free recall. *Journal of Experimental Psychology*, 64(5), 482.

128、Mussweiler, T., & Strack, F. (2000). Numeric judgments under uncertainty: The role of knowledge in anchoring. *Journal of Experimental Social Psychology*, 36(5), 495–518.

129、Nedungadi, P. (1990). Recall and consumer consideration sets: Influencing choice without altering brand evaluations. *Journal of Consumer Research*, 263–276.

130、Nickerson, R. S. (1998). Confirmation bias: A ubiquitous phenomenon in many guises. *Review of General Psychology*, 2(2), 175.

131、Niedenthal, P. M., Barsalou, L. W., Winkielman, P., Krauth-Gruber, S.,& Ric, F. (2005). Embodiment in attitudes, social perception, and emotion. *Personality and Social Psychology Review*, 9(3), 184–211.

132、Nuttin, J. M. (1985). Narcissism beyond gestalt and awareness: The name letter effect. *European Journal of Social Psychology*, 15(3),353–361.

133、Ono, H. (1967). Difference threshold for stimulus length under simultaneous and nonsimultaneous viewing conditions. *Perception &Psychophysics*, 2(5), 201–207.

134、Parker, J. R., & Lehmann, D. R. (2011). When shelf-based scarcity impacts consumer preferences. *Journal of Retailing*, 87(2), 142–155.

135、Patall, E. A., Cooper, H., & Wynn, S. R. (2010). The effectiveness and relative importance of choice in the classroom. *Journal of Educational Psychology, 102(4), 896.*

136、Pelham, B. W., Carvallo, M., & Jones, J. T. (2005). Implicit egotism. *Current Directions in Psychological Science*, 14(2), 106–110.

137、Pelham, B. W., Mirenberg, M. C., & Jones, J. T. (2002). Why Susie sells seashells by the seashore: Implicit egotism and major life decisions .*Journal of Personality and Social Psychology*, 82(4), 469–487.

138、Pepitone, A., & DiNubile, M. (1976). Contrast effects in judgments of crime severity and the punishment of criminal violators. *Journal of Personality and Social Psychology*, 33(4), 448.

140、Perdue, C. W., Dovidio, J. F., Gurtman, M. B., & Tyler, R. B. (1990). Us and them: Social categorization and the process of intergroup bias. *Journal of Personality and Social Psychology*, 59(3), 475–486.

141、Petty, R. E., & Cacioppo, J. T. (1984). Source factors and the elaboration likelihood model of persuasion. *Advances in Consumer Research*, 11(1), 668–672.

142、Petty, R. E., & Cacioppo, J. T. (1986). The elaboration likelihood model of persuasion. In L. Berkowitz (Ed.) *Advances in Experimental Social Psychology* (Vol. 19, pp. 121–203) New York: Academic Press.

143、Petty, R. E., & Cacioppo, J. T. (1990). Involvement and persuasion: Tradition versus integration. *Psychological Bulletin*, 107(3), 367–374.

144、Petty, R. E., Cacioppo, J. T., & Heesacker, M. (1981). Effects of rhetorical questions on persuasion: A cognitive response analysis. *Journal of Personality and Social Psychology*, 40(3), 432–440.

145、Plassmann, H., O'Doherty, J., Shiv, B., & Rangel, A. (2008). Marketing actions can modulate neural representations of experienced pleasantness. *Proceedings of the National Academy of Sciences*, 105(3), 1050–1054.

146、Pocheptsova, A., Labroo, A. A., & Dhar, R. (2010). Making products feel special: When metacognitive difficulty enhances evaluation. *Journal of Marketing Research*, 47(6), 1059–1069.

147、Quattrone, G. A., Lawrence, C. P., Finkel, S. E., & Andrus, D. C. (1984). Explorations in anchoring: The effects of prior range, anchor extremity, and suggestive hints. Unpublished Manuscript, Stanford University.

148、Reber, R., Schwarz, N., & Winkielman, P. (2004). Processing fluency and aesthetic pleasure: Is beauty in the perceiver's processing experience?. *Personality and Social Psychology Review,* 8(4), 364–382.

149、Rhodes, G., Simmons, L. W., & Peters, M. (2005). Attractiveness and sexual behavior: Does attractiveness enhance mating success? *Evolution and Human Behavior*, 26(2), 186–201.

150、Rogers, R. W., & Mewborn, C. R. (1976). Fear appeals and attitude change: effects of a threat's noxiousness, probability of occurrence, and the efficacy of coping responses. *Journal of Personality and Social Psychology*, 34(1), 54–61.

151、Rist, R. C. (1970). Student social class and teacher expectations: The self-fulfilling prophecy in ghetto education. *Harvard Educational Review*, 40(3), 411–451.

152、Rucker, D. D., Petty, R. E., & Brinol, P. (2008). What's in a frame anyway?: A meta-cognitive analysis of the impact of one versus two sided message framing on attitude certainty. *Journal of Consumer Psychology*, 18, 137–149.

153、Ryan, R. M. (1982). Control and information in the intrapersonal sphere: An extension of cognitive evaluation theory. *Journal of Personality and Social Psychology,* 43(3), 450–461.

154、Sanbonmatsu, D. M., & Kardes, F. R. (1988). The effects of physiological arousal on information processing and persuasion. *Journal of Consumer Research*, 379–385.

155、Santos, M. D., Leve, C., & Pratkanis, A. R. (1994). Hey buddy, can you spare seventeen cents? Mindful persuasion and the pique technique. *Journal of Applied Social Psychology*, 24(9), 755–764.

156、Schachter, S., & Singer, J. E. (1962). Cognitive, social, and physiological determinants of emotional state. *Psychological Review*, 69(5),379–399.

157、Schubert, T. W., & Koole, S. L. (2009). The embodied self: Making a fist enhances men's power-related self-conceptions. *Journal of Experimental Social Psychology*, 45(4), 828–834.

158、Schwartz, B. (2004). *The Paradox of Choice: Why Less is More.* New York: Ecco.

159、Schwarz, N., Bless, H., Strack, F., Klumpp, G., Rittenauer-Schatka, H.,& Simons, A. (1991). Ease of retrieval as information: Another look at the availability heuristic. *Journal of Personality and Social Psychology*,61(2), 195–202.

160、Schwarz, N., & Clore, G. L. (1983). Mood, misattribution, and judgments of well-being: Informative and directive functions of affective states. *Journal of Personality and Social Psychology*, 45(3), 513.

161、Seiter, J. S., & Dutson, E. (2007). The effect of compliments on tipping behavior in hairstyling salons. *Journal of Applied Social Psychology*,37(9), 1999–2007.

162、Sherif, M. (1936). The Psychology of Social Norms. New York: Harper.Shih, M., Pittinsky, T. L., & Ambady, N. (1999). Stereotype susceptibility: Identity salience and shifts in quantitative performance. *Psychological Science*, 10(1), 80–83.

163、Shiv, B., Carmon, Z., & Ariely, D. (2005). Placebo effects of marketing actions: Consumers may get what they pay for. *Journal of Marketing Research*, 383–393.

164、Shultz, T. R., & Lepper, M. R. (1996). Cognitive dissonance reduction as constraint satisfaction. *Psychological Review*, 103(2), 219.

165、Sigall, H., & Ostrove, N. (1975). Beautiful but dangerous: Effects of off ender attractiveness and nature of the crime on juridic judgment. *Journal of Personality and Social Psychology*, 31(3), 410–414.

166、Simons, D. J., & Levin, D. T. (1998). Failure to detect changes to people during a real-world interaction. *Psychonomic Bulletin & Review,* 5(4), 644–649.

167、Skinner, B. F. (1938). *The Behavior of Organisms: An Experimental Analysis*. New York: Appleton-Century-Crofts.

168、Skinner, B. F. (1948). Superstition in the pigeon. *Journal of Experimental Psychology*, 38(2), 168–172.

169、Snyder, M., Tanke, E. D., & Berscheid, E. (1977). Social perception and interpersonal behavior: On the self-fulfilling nature of social stereotypes.

170、Stepper, S., & Strack, F. (1993). Proprioceptive determinants of emotional and nonemotional feelings. *Journal of Personality and Social Psychology*, 64, 211–211.

171、Strack, F., Martin, L. L., & Stepper, S. (1988). Inhibiting and facilitating conditions of the human smile: A nonobtrusive test of the facial feedback hypothesis. *Journal of Personality and Social Psychology,* 54(5), 768–777.

172、Strack, F., & Mussweiler, T. (1997). Explaining the enigmatic anchoring effect: Mechanisms of selective accessibility. *Journal of Personality and Social Psychology*, 73, 437–446.

173、Strack, F., & Neumann, R. (2000). Furrowing the brow may undermine perceived fame: The role of facial feedback in judgments of celebrity. *Personality and Social Psychology Bulletin*, 26(7), 762–768.

174、Strick, M., van Baaren, R. B., Holland, R. W., & van Knippenberg, A.(2011). Humor in advertisements enhances product liking by mere association. *Psychology of Popular Media Culture*, 1, 16–31.

175、Thompson, D. V., & Chandon Ince, E. (2013). When disfluency signals competence: The effect of processing difficulty on perceptions of service agents. *Journal of Marketing Research*, 50(2), 228–240.

176、Townsend, C., & Shu, S. B. (2010). When and how aesthetics influences financial decisions. *Journal of Consumer Psychology*, 20(4), 452–458.

177、Tversky, A., & Kahneman, D. (1973). Availability: A heuristic for judging frequency and probability. *Cognitive Psychology*, 5(2), 207–232.

178、Tversky, A., & Kahneman, D. (1974). Judgment under uncertainty: Heuristics and biases. *Science*, 185(4157), 1124–1131.

179、Tversky, A., & Kahneman, D. (1981). The framing of decisions and the psychology of choice. *Science*, 211(4481), 453–458.

180、Tversky, A., & Kahneman, D. (1991). Loss aversion in riskless choice:A reference-dependent model. *The Quarterly Journal of Economics*,106(4), 1039–1061.

181、Valins, S. (1967). Emotionality and information concerning internal reactions. *Journal of Personality and Social Psychology*, 6(4), 458.

182、Van Baaren, R. B., Holland, R. W., Steenaert, B., & van Knippenberg, A. (2003). Mimicry for money: Behavioral consequences of imitation. *Journal of Experimental Social Psychology*, 39(4), 393–398.

183、Van Bavel, J. J., Packer, D. J., & Cunningham, W. A. (2008). The neural substrates of in-group bias: A functional magnetic resonance imaging investigation. *Psychological Science*, 19(11), 1131–1139.

194、Wansink, B., Kent, R. J., & Hoch, S. J. (1998). An anchoring and adjustment model of purchase quantity decisions. *Journal of Marketing Research*, 35(1), 71–81.

195、Wells, G. L., & Petty, R. E. (1980). The effects of overt head movements on persuasion: Compatibility and incompatibility of responses.*Basic and Applied Social Psychology,* 1(3), 219–230.

196、White, G. L., Fishbein, S., & Rutsein, J. (1981). Passionate love and the misattribution of arousal. *Journal of Personality and Social Psychology*,41(1), 56.

197、Whittlesea, B. W. (1993). Illusions of familiarity. *Journal of Experimental Psychology: Learning, Memory, and Cognition*, 19(6), 1235.

198、Williams, K. B., Radefeld, P. S., Binning, J. F., & Sudak, J. (1993). When job candidates are "hard-" versus "easy-to-get": Effects of candidate availability on employment decisions. *Journal of Applied Social Psychology*, 23(3), 169–198.

199、Wilson, T. D., Houston, C. E., Etling, K. M., & Brekke, N. (1996). A new look at anchoring effects: Basic anchoring and its antecedents. *Journal of Experimental Psychology-General,* 125(4), 387–402.

200、Worchel, S., Lee, J., & Adewole, A. (1975). Effects of supply and demand on ratings of object value. *Journal of Personality and Social Psychology*,32(5), 906.

201、Zajonc, R. B. (1968). Attitudinal effects of mere exposure. *Journal of Personality and Social Psychology*, 9, 1–27.

202、Zajonc, R. B. (2001). Mere exposure: A gateway to the subliminal. *Current Directions in Psychological Science*, 10(6), 224–228.

203、Zajonc, R. B., Murphy, S. T., & Inglehart, M. (1989). Feeling and facial efference: Implications of the vascular theory of emotion. *Psychological Review*, 96(3), 395–416.

204、Zaltman, G., & Zaltman, L. H. (2008). *Marketing Metaphoria: What Deep Metaphors Reveal About the Minds of Consumers*. Boston: Harvard Business Press.

國家圖書館出版品預行編目（CIP）資料

操偶讀心術 就靠這招説服你 /
尼克．寇連達著；許絜嵐譯.
-- 初版 . -- 臺北市：沐風文化，2017.06
　　面；　公分
譯 自：Methods of persuasion : how to use
psychology to influence human behavior
ISBN 978-986-94109-3-9(平裝)
1. 説服 2. 應用心理學
177　　　　　　　　　　　　106007472

操 偶 讀 心 術 —— 就靠這招説服你　　　　　　補給小站 17

作　　者	尼克 ‧ 寇連達
譯　　者	許絜嵐
特約編輯	王靖婷
行銷企劃	顧克琹
封面設計	劉康儀
編排設計	劉康儀
出　　版	沐風文化出版有限公司
	地址：100 臺北市中正區泉州街 9 號 3 樓
	電話：(02)2301-6364
	傳真：(02)2301-9641
	讀者信箱：feedback@mufonebooks.com.tw
	沐風文化粉絲頁：https://www.facebook.com/mufonebooks
總 經 銷	紅螞蟻圖書有限公司
	地址：114 臺北市內湖區舊宗路二段 121 巷 19 號
	電話：(02)2795-3656
	傳真：(02)2795-4100
	服務信箱：red0511@ms51.hinet.net
印　　製	龍虎電腦排版股份有限公司
初版一刷	2017 年 6 月
I S B N	978-986-94109-3-9（平裝）
書　　號	MB017
定　　價	320 元

Printed in Taiwan

Copyright © 2013 by Kolenda Entertainment, LLC.
Published by agreement with The Grayhawk Agency.